FORMULAIRE

POUR

CONTRATS DE MARIAGE.

FORMULAIRE

POUR

CONTRATS DE MARIAGE,

PAR M. .. .., *Notaire.*

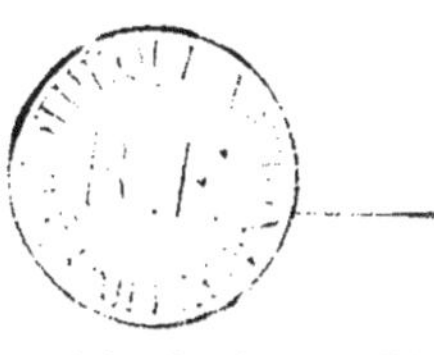

Il faut s'attacher avec sollicitude à bien comprendre, et au besoin à bien diriger, les vues des parties. Une fois leurs intentions bien éclairées et bien arrêtées, on doit se garder d'en inventer légèrement l'expression; il faut au contraire, autant que possible, en ramener les termes aux formules que l'expérience a dictées, et dont la jurisprudence a souvent fixé la portée.

PARIS,

TYPOGRAPHIE DONDEY-DUPRÉ, RUE SAINT-LOUIS, 46, AU MARAIS.

—

1850

TABLE.

Nota. Certaines conventions pouvant être stipulées sous tous les régimes, il ne faut pas s'attacher d'une manière absolue aux indications de cette table.

Par-devant M⁰   et M⁰   , son collègue, notaires
à   soussignés.

ONT COMPARU :

M. (*indiquer les prénoms, nom, qualités et demeure du futur époux.*)
majeur, étant né à   le   du
mariage de M. et Mᵐᵉ X.   ci-après nommés;

Stipulant, en son nom personnel;   D'UNE PART.

M. (*prénoms, nom, qualités et demeure des père et mère du futur époux.*)

Stipulant, à cause de la dot qu'ils vont constituer ci-après au futur époux;

D'AUTRE PART.

Mˡˡᵉ (*prénoms, nom, qualités et demeure de la future épouse.*)
mineure, étant née à   le   du mariage de
M.   ci-après nommé et de dame (*prénoms et
nom de la mère de la future épouse*) aujourd'hui décédée.

Stipulant en son nom personnel sous l'autorisation de M. son père;

D'AUTRE PART.

Et M. (*prénoms, nom, qualités et demeure du père de la future*)

Stipulant tant pour assister et autoriser la future épouse sa fille , qu'à
raison de la dot qu'il va lui constituer ci-après.

Encore D'AUTRE PART.

Lesquels, dans la vue du mariage de **M.**   et de **M**ᵉˡˡᵉ
dont la célébration doit avoir lieu prochainement à la mairie de
en ont arrêté les conditions civiles de la manière suivante :

(*Viennent en cet endroit les conditions du mariage article par article ; et l'on termine ainsi le contrat :*)

Telles sont les conventions des parties.

DONT ACTE.

Fait et passé à
L'an   le
En présence des parents et amis ci-après nommés, savoir :

Du côté du futur.

. . . .
. . . .

Du côté de la future.

. : . . . .
. . . .

(*On indique d'abord les parents en suivant l'ordre de proximité ; puis les amis.*)

Après lecture faite, les parties, ainsi que leurs parents et amis, ont signé avec les notaires.

Si le futur époux est mineur, on le fait agir sous l'autorisation de ses père et mère, ou du survivant d'eux, ainsi qu'il vient d'être indiqué pour la future épouse.

Si la future épouse est majeure, on la fait agir en son nom personnel sous l'autorisation de ses père et mère, ainsi qu'il vient d'être indiqué pour le futur époux.

Si l'un ou l'autre des époux est veuf avec enfant, on a soin de l'indiquer après l'énonciation de ses prénoms, nom, qualités et demeure ; ce qui se fait ainsi en deux mots, sans reporter à la ligne — VEUF AVEC ENFANT DE Mme (*prénoms et nom du premier époux décédé.*)

Si un tiers constitue une dot à l'un ou à l'autre des futurs époux, on indique sa comparution dans les termes indiqués ci-dessus pour les père et mère du futur époux après la comparution de l'époux donataire et de ses père et mère.

Si les père et mère de l'un ou de l'autre des époux ne font aucune constitution de dot, et si leur comparution n'est pas nécessaire pour autoriser leur enfant mineur, on ne doit pas les faire comparaître comme parties, leur présence doit être constatée seulement avec celle des parents et amis qui signent le contrat AD HONOREM.

Si l'un ou l'autre des époux mineurs ne peut être assisté de ses père et mère, du survivant d'eux, ou de ses aïeux, conformément aux articles 149, 150 160 et 1398 du Code civil, il est assisté et autorisé de son tuteur, en vertu d'une délibération de son Conseil de famille qui a fixé les conditions du mariage; cette comparution du tuteur est indiquée dans les termes suivants après la comparution de l'époux mineur :

M. (*prénoms, nom, qualité et demeure du tuteur.*)

tuteur de Mlle   future épouse, nommé à cette qualité qu'il a acceptée par délibération du conseil de famille de ladite demoiselle, prise sous la présidence de M. le juge de paix de   le   et spécialement autorisé à assister ladite demoiselle au présent contrat, et à consentir aux conventions et stipulations ci-après exprimées, suivant une autre délibération dudit conseil de famille prise sous la présidence du même juge de paix le   dont une expédition est demeurée ci-annexée, après que dessus mention de cette annexe a été faite par les notaires.

*STIPULATIONS ordinaires dans les contrats de mariage.
— Ordre dans lequel ces stipulations sont insérées. —
Formules.*

§ Iᵉʳ.

ORDRE DES STIPULATIONS.

COMMUNAUTÉ.

*Jamais les époux n'adoptent, par contrat, le régime de la communauté
légale sans modification ; par suite, on ne s'inquiétera de ce régime qu'en le
combinant avec les diverses modifications que stipulent ordinairement les
parties.*

1ᵐᵉⁿᵗ. — COMMUNAUTÉ RÉDUITE AUX ACQUÊTS.

Lorsque l'on stipule que la COMMUNAUTÉ SERA RÉDUITE AUX ACQUÊTS, *il peut
s'élever la question de savoir : Si les époux doivent exercer la reprise du
mobilier estimé dans le contrat, mais non détaillé dans un état ou inventaire.
(Article 1499 du Code civil.) Par suite il est plus prudent de ne pas employer
cette expression et d'arriver au but des parties par une autre voie, c'est-à-dire :*
EN EXCLUANT LES DETTES, ET EN RÉSERVANT LES PROPRES.

1° Adoption du régime de la communauté. — 2° Exclusion des dettes.
— 3° Réserve des propres. — 4° Apport du futur époux. — 5° Constitution
de dot au futur époux. — 6° Apport de la future. — 7° Constitution de dot à
la future épouse. — 8° Remploi des propres. — 9° Préciput et augment de
préciput. — 10° Convention sur le mobilier au profit du survivant.
— 11° Mention du droit pour la femme de reprendre ses propres francs et quittes.
— 12° Donation.

2^{ment}. — COMMUNAUTÉ COMPRENANT UNE PARTIE DES BIENS MEUBLES OU IMMEUBLES DES ÉPOUX.

1° Adoption du régime de la communauté. — 2° Exclusion des dettes. — 3° Mise en communauté de valeurs mobilières ou ameublissement avec réserve du surplus des biens propres.

Les apports, dots et autres conventions de mariage sont indiqués dans le même ordre que sous le régime de la communauté d'acquêts. Seulement, le titre du n° 11 doit être remplacé par celui-ci :

Faculté réservée à la femme et à certains de ses héritiers de reprendre, en renonçant à la communauté, tout ou partie de sa mise en communauté franche et quitte.

3^{ment}. — COMMUNAUTÉ UNIVERSELLE OU A TITRE UNIVERSEL.

1° Adoption du régime de la communauté. — 2° Mise en communauté et ameublissement. — 3° Attribution de la communauté.

Consulter, pour l'ordre des autres articles, les observations consignées ci-dessus pour le cas d'adoption de la communauté avec mise partielle.

EXCLUSION DE COMMUNAUTÉ.

1^{ment}. — RÉGIME SANS COMMUNAUTÉ.

1° Adoption du régime sans communauté. — 2° Apport du futur (1). — 3° Apport de la future (2). — 4° Garantie à la future des dettes contractées pour son mari. — 5° Pouvoir à la future de toucher portion de ses revenus. — 6° Emploi des propres de la femme. — 7° Donation.

2^{ment}. — SÉPARATION DE BIENS

1° Adoption du régime de la séparation de biens et de dettes. — 2° Apport du futur (1). — 3° Apport de la future (2). — 4° Contribution aux charges du

---

(1) *L'énonciation de cet apport n'est pas nécessaire, mais elle peut être utile à titre de renseignement, notamment pour l'inscription de l'hypothèque légale de la femme et pour la poursuite éventuelle du payement de ses reprises.*

(2) *Lorsque les objets mobiliers apportés en mariage par la future épouse peuvent être facilement reconnus à cause de leur nature, on se contente de les comprendre dans une énonciation générale. Dans le cas contraire, on en doit faire un état estimatif que l'on annexe au contrat de mariage. (Voir au surplus la formule 35.)*

mariage. — 5° Présomption de propriété de certains objets mobiliers. — 6° Garantie à la future des dettes contractées pour son mari. — 7° Pouvoir à la future. — 8° Emploi des propres de la future. — 9° Donation.

RÉGIME DOTAL.

1^{ment}. — RÉGIME DOTAL SANS SOCIÉTÉ D'ACQUÊTS.

1° Adoption du régime dotal. — 2° Biens dotaux, leur emploi et leur aliénabilité. — 3° Biens paraphernaux, ou pouvoir à la future de toucher sur sa simple quittance une portion de ses revenus. — 4° Apport du futur (1). — 5° Apport de la future (2). — 6° Convention sur le mobilier. — 7° Donation.

2^{ment}. — RÉGIME DOTAL AVEC SOCIÉTÉ D'ACQUÊTS.

1° Adoption du régime dotal. — *Pour les numéros 2 et 5, voir le régime dotal sans société d'acquêts.* — 4° Stipulation d'une société d'acquêts. — 5° Apport du futur. — 6° Apport de la future. — 7° Préciput et augment de préciput. — Convention sur le mobilier. — 8° Mention du droit pour la femme de reprendre en renonçant à la communauté d'acquêts ses biens propres francs et quittes. — 9° Donation.

OBSERVATION GÉNÉRALE.

Indépendamment des stipulations ordinaires qui ont trouvé leur place dans les cadres qui précèdent, il en est diverses autres, d'un usage fréquent, mais qui sont amenées par la position particulière des époux, par les constitutions de dot qui leur sont faites, ou par toute autre cause spéciale. Ainsi, il est ordinaire, dans un contrat de mariage de commerçant, de stipuler que le survivant aura la faculté de conserver le fonds de commerce exploité au décès du prémourant ; il arrive quelquefois que les constitutions de dot faites aux époux ne sont consenties que sous la réserve du droit de retour. Toutes ces stipulations seront autant que possible formulées dans les articles ci-après.

---

(1) et (2) Voir page 8.

§ II.

FORMULE DES ARTICLES.

Ces articles seront divisés EN TROIS SECTIONS :

LA PREMIÈRE *comprendra les articles relatifs aux conventions de mariage.*

LA SECONDE, *les articles relatifs aux apports des époux, aux constitutions de dot et aux donations qui leur sont faites.*

LA TROISIÈME, *les articles relatifs aux donations entre époux.*

POUR LA FACILITÉ DES RECHERCHES, DES TÉMOINS INDIQUERONT EN MARGE LE TITRE DE CHAQUE ARTICLE.

PREMIÈRE SECTION.

CONVENTIONS DE MARIAGE.

1.
Adoption
de la communauté.

Les futurs époux adoptent le régime de la communauté, tel qu'il est établi par le Code civil, sauf les modifications résultant des articles ci-après.

2.
Exclusion des dettes.

Les futurs époux ne seront pas tenus des dettes l'un de l'autre, qui seraient antérieures à la célébration du mariage, ou qui grèveraient les biens par eux recueillis pendant la durée de la communauté ; ces dettes seront acquittées par celui des époux qui les aura contractées, ou du chef duquel elles proviendront, sans que l'autre époux, ses biens, ou sa part dans la communauté, en puissent être chargés.

3.
Réserve de propres.

Les apports en mariage des futurs époux ci-après constatés, ensemble les biens qui vont leur être constitués en dot, et les biens tant meubles qu'immeubles qui pendant la durée de la communauté écherront à chacun d'eux par succession, donation, legs ou autrement, seront exclus de la communauté, pour être repris lors de sa dissolution par chacun des époux ou ses représentants ; de telle sorte que la communauté, à partager par moitié, se composera uniquement des revenus des époux et des économies faites pendant le mariage.

Toutefois, il est convenu : que les objets mobiliers apportés en mariage par les futurs époux, et estimés ci-après sous les numéros   des articles appartiendront à la communauté pour le montant de cette estimation, et que la reprise à exercer ultérieurement à ce sujet se composera du montant de l'estimation dont il s'agit.

On peut avoir à ajouter :

Et comme l'état de fortune du futur époux a été arrêté, sous l'article ci-après, d'après les résultats de son inventaire commercial du   dernier, il est convenu que la portion de bénéfices comme la portion de pertes qui peut résulter de la continuation des affaires, depuis cette époque jusqu'au jour du futur mariage, sera au profit ou à la perte de ladite communauté.

Particulièrement il est convenu : que, lors de la dissolution de la communauté, le futur époux ou ses représentants feront la reprise en nature de la charge de (notaire, avoué, autre semblable) à   , dont le futur époux est titulaire, et du cautionnement y attaché, ensemble de tous les recouvrements qui seront à faire à cette époque, et qui sont considérés par les parties comme accessoires de cette charge, quel qu'en soit le montant, sauf bien entendu à indemniser la communauté des sommes principales qu'elle aurait pu payer au sujet desd. charge et cautionnement, mais sans avoir aucune indemnité à payer au sujet des déboursés effectués pendant la durée de la communauté et confondus dans lesdits recouvrements.

Le futur époux ou ses représentants faisant la reprise en nature de la charge de   à   , auront seuls droit au bail des lieux occupés par le futur époux pour son étude et son habitation, à la charge d'en payer les loyers et d'en exécuter toutes les conditions, de manière à ce que la future épouse ou ses héritiers ne puissent jamais être recherchés.

4.
Conditions
sur la réserve
d'un office ministériel.
(*Voir* la formule 65.)

Si ces lieux faisaient partie d'une maison dépendant de la communauté ou propre à la future épouse, il serait fait bail de ces lieux à dire d'experts au profit du futur époux ou de ses représentants pour un temps qui ne pourrait être moindre de neuf années.

Si le futur époux avait cédé sa charge pendant le cours de la communauté, il sera fait reprise par lui ou ses représentants du prix moyennant lequel cette cession aurait eu lieu et du remboursement de son cautionnement.

On pourrait modifier ainsi la réserve d'une charge de notaire ou autre semblable, A L'ÉGARD DES RECOUVREMENTS.

Autre.

Particulièrement..... (*Copier jusqu'à* Y ATTACHÉ, *et continuer :*) sauf, bien entendu, à indemniser la communauté des sommes principales qu'elle aurait pu payer au sujet desdits charge et cautionnement.

Le futur époux ou ses représentants reprendront en outre pour la somme qui sera fixée par trois membres de la chambre des   du ressort, les recouvrements qui seront à faire à cette époque ; dans lesquels recouvrements ne seront pas compris les comptes réglés et arrêtés, non plus que les avances étrangères aux affaires de l'étude.

Le futur époux ou ses représentants faisant la reprise (*copier ce paragraphe*).

Si le futur époux avait cédé (*copier ce paragraphe, et ajouter :*) A l'égard de la reprise à exercer pour les recouvrements d'étude, s'ils n'avaient pas été compris dans cette cession, l'importance en demeure fixée à forfait au même chiffre que celui indiqué ci-après sous le n°   de l'article   , pour le montant des recouvrements apportés en mariage par le futur époux.

On peut encore joindre à la réserve d'une charge de notaire ou autre semblable, la réserve du mobilier d'étude, et dire :

Autre.

Particulièrement il est convenu que lors de la dissolution de la communauté, le futur époux ou ses représentants feront la reprise en nature de la charge de, etc., ainsi que de sa bibliothèque, du mobilier de son cabinet et du mobilier de l'étude, le tout considéré par les parties comme accessoires de l'étude, sauf 1° à indemniser, etc. ; 2° à tenir compte de la valeur des recouvrements d'après l'estimation qui en sera faite par (*copier comme ci-dessus*) ; 3° et à tenir compte de la valeur des bibliothèques et autres objets mobiliers d'après la prisée de l'inventaire qui sera fait à cette époque.

Le futur époux ou ses représentants faisant la reprise (*copier la fin de l'article*).

« *On pourrait réserver au futur époux la faculté de retenir la charge soit* » *pour le prix d'achat, soit pour un autre prix fixé de suite à forfait dans* » *le contrat de mariage.* »

Il est convenu que les habits, linges, hardes, bijoux et autres objets à l'usage personnel des futurs époux, et par eux apportés en mariage, leur resteront propres en nature, et que lors de la dissolution de la communauté, chacun d'eux reprendra comme représentation de cet apport, les habits, linges, hardes, bijoux et autres objets à son usage personnel, quelle que soit la différence de valeur qui puisse exister entre ces objets particuliers.

Lorsque les époux adoptent cette stipulation, il est tout à fait inutile d'estimer les objets mobiliers dont il s'agit; on ne doit les énoncer au contrat que pour ordre et d'une manière sommaire.

5.
Reprise en nature
des
objets mobiliers
à l'usage personnel.
(*Voir* la formule 23.)

Le remploi des biens propres à l'un ou à l'autre des époux, qui seraient aliénés pendant le mariage, se fera conformément aux dispositions du Code civil, sans que les tiers aient à s'inquiéter du remploi, et la reprise provenant de ces aliénations s'exercera dans les termes de la loi.

Cet article n'introduit aucun droit particulier; on le mentionne néanmoins afin qu'il soit possible d'en faire un extrait qui justifie aux tiers que le futur époux N'EST TENU *à aucun remploi des deniers de la future épouse.*

6.
Remploi volontaire.

Nonobstant l'adoption du régime de la communauté, il est convenu que le futur époux devra faire emploi, au nom de la future, des capitaux propres à la future épouse, qu'il pourrait toucher SEUL pendant le mariage sans le concours de la future épouse, par suite de donation, aliénation ou autrement, et que les tiers ne seront définitivement libérés qu'après la réalisation de cet emploi.

Mais les futurs époux seront libres de faire tels emplois qu'ils jugeront conve-

7.
Remploi forcé.

nables, sans que les tiers aient à s'en inquiéter, des sommes propres à la future épouse, qu'ils toucheront CONJOINTEMENT pendant le mariage.

Pour se conformer à l'emploi qui vient d'être prescrit dans le cas où le futur époux toucherait seul les capitaux propres à la future épouse, le futur époux devra, etc.

Voir les conditions d'emploi et la responsabilité des tiers dans les formules du régime dotal.

8.
Autre remploi forcé.

Nonobstant l'adoption du régime de la communauté, il est convenu que les futurs époux devront faire emploi au nom de la future épouse, avec mention de l'obligation successive de remploi, des sommes apportées en mariage par la future épouse, ainsi que des capitaux qui pourront advenir à la future épouse pendant le mariage, par succession, donation, aliénation ou autrement.

Ces emploi et remploi, etc.

Voir les conditions d'emploi et la responsabilité des tiers dans les formules du régime dotal.

9.
Soumission partielle
au
régime dotal.

Nonobstant l'adoption du régime de la communauté, il est expressément convenu qu'aussitôt la célébration du mariage, il sera prélevé sur la dot apportée en mariage par la future épouse, somme nécessaire pour acheter   de rente sur l'État 5 %, au nom de la future épouse, laquelle rente sera soumise au régime dotal et inaliénable, à moins de remploi, ainsi qu'on va l'expliquer.

Les futurs époux auront la libre disposition du surplus des biens propres de la future épouse.

Pendant le mariage, les futurs époux pourront vendre ladite rente, mais ils seront tenus d'en remployer le prix, soit, etc.

Voir aux formules du régime dotal.

10.
Préciput.

Le survivant des futurs époux prendra par préciput, tels des biens meubles de la communauté qu'il lui plaira choisir jusqu'à concurrence d'une somme de   , d'après la prisée de l'inventaire qui sera fait lors de la dissolution de la communauté, ou cette somme en deniers comptants à son choix.

Il pourra exercer ce préciput, partie en objets mobiliers, partie en deniers comptants.

En outre, le survivant prélèvera, à titre d'augment de préciput, jusqu'à concurrence d'une autre somme de   , d'après la prisée dudit inventaire, les habits, linges, hardes, bijoux et effets mobiliers à son usage personnel, sa voiture de ville, ses chevaux et harnais, ses diamants et dentelles, sa bibliothèque et ses armes.

Augment de préciput.

La future épouse survivante aura droit aux préciput et augment de préciput ci-dessus stipulés, même en renonçant à la communauté, et dans ce cas, elle en exercera la reprise à titre de créance sur les biens personnels du futur époux.

En outre, le survivant (la future épouse, soit qu'elle accepte la communauté, soit qu'elle y renonce), aura la faculté de conserver en nature telle partie qu'il jugera convenable, (et même la totalité de ce qui en resterait après l'exercice, qui ne pourrait dans ce cas être fait en deniers, desdits préciput et augment de préciput) du mobilier prisé audit inventaire, sur le pied de l'estimation qui en sera faite dans cet inventaire et par déduction d'autant sur ses droits et reprises, à la charge seulement de déclarer son option à cet égard avant la clôture dudit inventaire.

11.
Convention
sur le mobilier.
(*Voir* la formule **23.**)

Les futurs époux conviennent que le survivant d'eux (la future épouse soit qu'elle accepte la communauté, soit qu'elle y renonce) pourra, si bon lui semble, conserver pour son compte personnel le fonds de commerce ou établissement exploité par les futurs époux au jour du décès du prémourant, ensemble l'achalandage, les marchandises, ustensiles et autres accessoires dépendant dudit fonds ainsi que la jouissance locative des lieux où il sera exercé, à la charge par ledit survivant, 1° de faire raison aux héritiers du prédécédé de leurs droits dans la valeur

12.
Faculté de reprendre
le
fonds de commerce.

desdits fonds et accessoires, d'après l'estimation qui en sera faite dans l'inventaire après le décès du prémourant; 2° et de demeurer seul tenu du payement des loyers ainsi que de l'exécution des conditions du bail desdits lieux, à partir du jour du décès du prémourant.

Le survivant des futurs époux imputera la valeur desdits fonds et accessoires sur les sommes qui lui reviendront en toute propriété et en usufruit dans ladite communauté et dans la succession de l'époux prédécédé. Il payera le surplus, s'il y a lieu, aux héritiers et représentants de l'époux prédécédé dans les   qui suivront le décès. Il ne sera pas tenu de fournir caution, et il ne devra aucun intérêt pendant ce temps. Mais à partir de l'expiration de ce délai il devra des intérêts de plein droit sur le pied de   °/₀ par an jusqu'à payement effectif. Ce délai cessera en cas de vente dudit fonds ou de convol à de secondes noces, et tout ce que le survivant resterait devoir, à l'époque de cet événement, en toute propriété sur la valeur desdits fonds et accessoires, deviendra de plein droit exigible.

(*Voir* la formule **46.**)

Si le fonds de commerce était exploité dans un immeuble appartenant à la communauté ou propre à l'époux prédécédé, le survivant pourra exiger qu'il lui soit passé bail des lieux occupés pour ledit commerce et nécessaires à l'habitation commune du survivant et de ses enfants, pour neuf années, à compter du jour du décès de l'époux prémourant, aux charges de droit et moyennant un loyer annuel qui sera fixé par experts.

l'époux survivant sera tenu de déclarer et signifier son option aux héritiers et représentants de l'époux prédécédé dans les *six* mois qui suivront le décès de ce dernier.

Ou : — A peine d'être déchu par la seule échéance du terme du droit de conserver lesdits fonds et accessoires, en profitant des conventions qui viennent d'être stipulées sous le présent article.

Ou bien : — A défaut de ces déclaration et signification, l'époux survivant sera censé avoir opté pour la conservation desdits fonds, marchandises et ustensiles.

Et dans le cas où l'époux survivant n'opterait pas pour la conservation desdits fonds et accessoires aux conditions ci-dessus exprimées, il ne pourrait s'intéresser directement ou indirectement dans aucun fonds ou établissement semblable, soit dans l'arrondissement, soit dans la rue où ledit fonds serait exploité, à peine de tous dommages-intérêts vis-à-vis de la personne qui pourrait devenir acquéreur dudit fonds.

Il est bien entendu qu'en renonçant à la communauté, la future épouse, ses héritiers ou ayant-cause, reprendront l'apport en mariage de la future épouse, les biens qui lui ont été constitués en dot, et ceux qui lui seront advenus pendant la durée de la communauté, tant en meubles qu'en immeubles, par succession, donation, legs ou autrement, le tout franc et quitte des dettes de la communauté ; et que si la future épouse s'y était obligée ou y avait été condamnée, elle en serait garantie et indemnisée ainsi que ses héritiers et ayant-cause par le futur époux et sur ses biens.

Lorsque les époux stipulent : UNE COMMUNAUTÉ RÉDUITE AUX ACQUÊTS *ou* UNE EXCLUSION DE DETTES AVEC RÉSERVE DE PROPRES, *chacun d'eux conserve le droit de reprendre les biens qui lui appartiennent, ou ceux qui en sont la représentation ; et la communauté se borne aux acquêts faits par les époux ensemble ou séparément durant le mariage (art. 1498). La femme qui renonce à la communauté perd toute espèce de droit sur cette communauté (art. 1492) ; elle est, par le fait de sa renonciation, déchargée de toute contribution aux dettes de la communauté, tant à l'égard du mari qu'à l'égard des créanciers qui n'ont pas sa signature; elle reste seulement tenue envers les créanciers vis-à-vis desquels elle s'est obligée conjointement avec son mari; mais même dans ce cas elle conserve son recours contre son mari ou les héritiers de ce dernier (art. 1494).*

D'OU IL SUIT *Que, lorsque les époux stipulent une communauté réduite aux acquêts ou une exclusion de dettes avec réserve de propres, la clause dont il s'agit ne confère à la femme ou à ses représentants aucun droit particulier, et ne rentre aucunement dans l'application de l'art. 1514 du Code civil.*

ON PEUT DANS CE CAS OMETTRE CETTE CLAUSE SANS DANGER ; *on verra ci-après (formule 2) dans quelle circonstance cette clause est rigoureusement nécessaire.*

14.
Mise en communauté
d'une somme fixe
avec
réserve du surplus
des biens.

Des biens des futurs époux il entrera en communauté, de part et d'autre, la somme de . . . . . ., pour former un fonds commun de . . . . .; le surplus de leurs biens actuels, ensemble les biens qui vont leur être constitués en dot, et tous les biens tant meubles qu'immeubles qui pendant la durée de la communauté écherront à chacun d'eux, par succession, donation, legs ou autrement, resteront propres à chacun d'eux et comme tels exclus de la communauté, pour être repris lors de sa dissolution par chacun des époux ou ses représentants.

15.
Mise inégale
dans la communauté
avec
réserve du surplus
des biens.

Les futurs époux mettent en communauté, savoir : la future épouse une somme de . . . . . et le futur époux une somme de . . . . .; le surplus de leurs biens actuels, etc. (*La suite comme dans la formule* 14.)

Nonobstant l'inégalité de leurs mises, il est bien entendu que les futurs époux auront droit à une part égale dans les biens qui composeront cette communauté.

16.
Communauté
à titre universel
des biens présents
avec ameublissement.

Les futurs époux mettent en communauté la totalité des biens qu'ils possèdent actuellement, et à cet effet le futur époux consent l'ameublissement de sa maison sise . . . . ., ci-après désignée; mais les futurs époux se réservent propres à chacun d'eux tous les biens meubles et immeubles qui pourront leur advenir pendant la durée de la communauté par succession, donation, legs ou autrement.

Par suite, la communauté ne sera tenue que des dettes à la charge des biens présents des futurs époux, et elle n'aura pas à supporter les dettes dont pourront être grevés les biens à venir de chacun des époux; ces dernières dettes seront acquittées par celui des futurs époux du chef duquel elles proviendront, sans que l'autre époux, ses biens ou sa part dans la communauté en puissent être chargés.

17.
Communauté
à titre universel
des
biens à venir.

Les futurs époux mettent en communauté la totalité des biens meubles et immeubles qui pourront leur advenir pendant la durée de la communauté, par succession, donation, legs ou autrement; mais ils réservent propre à chacun d'eux la totalité des biens meubles et immeubles qu'ils possèdent actuellement.

Par suite la communauté sera tenue des dettes dont pourront être grevés les biens à venir des futurs époux, mais elle n'aura pas à supporter les dettes à la charge de leurs biens présents; ces dernières dettes . . . . . (*La suite comme dans la formule* 16.)

Les futurs époux mettent en communauté : tous les biens meubles et immeubles qu'ils possèdent actuellement, et tous ceux qui pourront leur advenir pendant la durée de la communauté par succession, donation, legs ou autrement sans exception.

Par suite, la communauté sera tenue de toutes les dettes des époux qui seraient antérieures à la célébration du mariage, ou qui grèveraient les biens par eux recueillis pendant la durée de la communauté.

18.
Communauté
universelle.

Les futurs époux conviennent, conformément aux dispositions de l'art. 1525 du Code civil : que tous les biens meubles et immeubles, sans aucune exception ni réserve, qui composeront la communauté stipulée par le présent contrat, appartiendront en toute propriété au survivant, qu'il y ait ou non des enfants issus dudit mariage (*ou bien* dans le cas seulement où il n'existerait pas d'enfants issus dudit mariage).

Il est entendu que l'époux survivant, en profitant du bénéfice de cette stipulation, sera tenu d'acquitter seul toutes les dettes de la communauté.

19.
Attribution au survivant
de la communauté
en
toute propriété.

Les futurs époux conviennent, conformément aux dispositions de l'art. 1525 du Code civil : que le survivant d'eux jouira en usufruit, pendant sa vie, à compter du jour du décès de l'époux prémourant, de la moitié revenant à l'époux prédécédé dans tous les biens meubles et immeubles sans exception ni réserve, qui composeront la communauté stipulée par le présent contrat. L'époux survivant profitera du bénéfice de cette stipulation, qu'il y ait ou non des enfants issus dudit mariage — (*ou bien* — dans le cas seulement où il n'existerait pas d'enfants issus dudit mariage). — Pour jouir de cet usufruit, il sera dispensé de fournir caution et de faire emploi, mais il devra faire faire inventaire.

Il est bien entendu que l'époux survivant, en profitant du bénéfice de cette stipulation, sera tenu, COMME TOUT USUFRUITIER, des dettes qui pourraient grever la moitié revenant à l'époux prédécédé dans ladite communauté.

20.
Attribution au survivant
de l'usufruit
de la moitié revenant
à
l'époux prédécédé
dans la communauté.

Les futurs époux conviennent que le partage de la communauté stipulé par le présent contrat n'aura lieu par égales portions qu'entre eux et les enfants ou descen-

21.
Attribution
d'une quotité

<table>
<tr><td>

de la communauté
autre
que la moitié à certains
des héritiers
de l'époux prémourant.

</td><td>

dants issus de leur mariage : à défaut d'existence d'enfants issus dudit mariage au jour du décès de l'époux prédécédé, les biens de la communauté appartiendront pour trois quarts à l'époux survivant, et pour le dernier quart aux héritiers de l'époux prédécédé; et les dettes de la communauté seront supportées dans la même proportion entre l'époux survivant et lesdits héritiers.

</td></tr>
<tr><td>

22.
Attribution à forfait
d'une somme fixe
pour bénéfices
de
communauté à certains
des héritiers
de l'époux prémourant.

</td><td>

Les futurs époux conviennent que la communauté stipulée par le présent contrat n'aura lieu par égales portions qu'entre eux et les enfants ou descendants issus de leur mariage.

Dans le cas où il n'existerait pas d'enfant issu de leur mariage au jour du décès de l'époux prémourant, les héritiers de l'époux prédécédé n'auront à prétendre pour tous droits de communauté qu'à une somme de . . . . . stipulée à forfait dès aujourd'hui. Le survivant des époux sera propriétaire de tous les biens meubles ou immeubles, sans aucune exception ni réserve, qui composeront ladite communauté, à la charge d'acquitter seul toutes les dettes de la communauté.

</td></tr>
<tr><td>

23.
Attribution du mobilier
au survivant.

</td><td>

Les futurs époux conviennent, conformément aux dispositions de l'article 1525 du Code civil, que le survivant d'entre eux sera propriétaire de tous les objets mobiliers autres que deniers comptants, titres, rentes et créances de toute nature (dans l'étendue de l'article 536 du Code civil) qui existeront lors du décès du prémourant dans les habitations de ville et de campagne des époux.

Cette convention rend superflue la stipulation d'un préciput.

</td></tr>
</table>

<table>
<tr><td>

24.
Faculté
réservée à la femme
et
à certains de ses héritiers
de reprendre
sa mise en communauté
franche et quitte.

</td><td>

En renonçant à la communauté, faculté est accordée à la future épouse et à ses enfants ou descendants, issus dudit mariage, de reprendre sa mise en communauté (1), indépendamment des biens, meubles et immeubles, qui lui appartiennent ou pourront lui advenir pendant la durée de la communauté, par succession, donation, legs ou autrement.

</td></tr>
</table>

---

(1) *Cette exception est rigoureuse. Elle doit déterminer clairement les personnes qui pourront en profiter et la portion de mise en communauté à laquelle elle devra s'appliquer, article 1514. (Voir par opposition les observations consignées à la 13ᵉ formule.)*

Si c'est la future épouse qui fait elle-même cette renonciation, elle prendra en outre le préciput ci-dessus stipulé (1).

Toutes ces reprises seront franches et quittes des dettes de la communauté, encore bien que la future épouse s'y soit obligée ou y ait été condamnée, attendu qu'en ce cas elle en sera garantie et indemnisée, ainsi que ses héritiers, par le futur époux et sur ses biens.

Il n'y aura point de communauté de biens entre les futurs époux ; en conséquence, les dettes de chacun, créées avant et pendant le mariage, seront acquittées par celui qui les aura contractées ou du chef duquel elles proviendront.

Le futur époux aura l'administration des biens, meubles et immeubles, de la future épouse, et les fruits et revenus de ces biens appartiendront au futur époux, le tout dans les termes des articles 1530 et suivants du Code civil.

25.
Adoption du régime
sans communauté.

Le linge à la marque de la future épouse, l'argenterie portant son chiffre ou celui de sa famille, et les effets, bijoux et autres objets servant à son usage personnel, seront réputés de plein droit lui appartenir, sans qu'elle soit obligée d'en constater la propriété par aucun titre.

Quant à tous autres effets mobiliers sur lesquels la future épouse ne pourra pas prouver sa propriété par des quittances d'ouvriers, de fournisseurs et de marchands ou par d'autres titres, ils seront censés acquis des deniers du futur époux, et lui appartiendront.

Pour le cas où l'un ou l'autre des objets mobiliers (qui ont été apportés en mariage par la future épouse, ou de ceux qui lui adviendront pendant le mariage par succession, donation ou legs, et dont l'existence, en même temps que la valeur, auraient été constatées par inventaire ou état en bonne forme) ne se retrouverait pas en nature lors de la dissolution du mariage, il est convenu que : la

26.
Présomption
de propriété à l'égard
de certains
objets mobiliers.
(*Voir* la formule **32.**)

---

(1) *Cette faculté est insérée en cet endroit ou en fin de la clause qui contient stipulation du préciput. Quelquefois cette faculté porte sur un tout autre gain de survie que le préciput, tel qu'une rente viagère.*

future épouse ou ses héritiers auraient droit, en remplacement des objets man-
quants, au montant de la prisée desdits objets d'après lesdits inventaire ou état.

———————

27.
Sur les engagements
contractés par la future
durant le mariage.

La future épouse ou ses héritiers seront garantis et indemnisés par le futur
époux ou ses représentants, de toutes les dettes qu'elle aura pu contracter avec
lui ou pour lui pendant le mariage.

———————

28.
Pouvoir à la future
de toucher
portion de ses revenus.
(*Voir la formule 42.*)

La future épouse est dès à présent autorisée par le futur époux à toucher durant le mariage, sur sa simple quittance, pour son entretien et ses besoins personnels, les revenus de (*désigner les biens dont la future épouse pourra tou-*
cher les revenus.)

29.
Adoption
de
la séparation de biens.

Il y aura séparation de biens entre les futurs époux, conformément aux dispositions des articles 1536 et suivants du Code civil.

En conséquence, chacun d'eux conservera la propriété des biens, meubles et
immeubles, qui lui appartiennent, et de ceux qui pourront lui advenir par succession, donation, legs ou autrement. La future épouse (*voir formule 35*) aura
l'entière administration de ses biens, meubles et immeubles, ce qui emportera
pour elle le droit de toucher, sur sa simple signature, sans le concours de son
mari, tous capitaux exigibles, donner quittance, désistement ou mainlevée à ce
sujet. Chacun des époux aura la jouissance libre de ses revenus, sauf ce qui sera
dit ci-après pour la contribution aux charges du ménage; et les futurs époux ne
seront point tenus des dettes l'un de l'autre créées avant ou pendant le mariage;
ces dettes seront acquittées par celui des futurs époux qui les aura contractées, ou
du chef duquel elles proviendront, sans que l'autre époux puisse en être chargé.

———————

30.
Contribution aux
charges.

Les futurs époux contribueront aux charges du mariage chacun par moitié (*ou*
dans d'autres proportions), sans être assujettis à aucun compte entre eux, ni à
retirer aucune quittance l'un de l'autre.

Il peut y avoir lieu d'ajouter .

Et il est bien entendu que tant que les enfants du premier mariage de madame X... demeureront avec madame leur mère, les frais de nourriture et de logement qu'ils occasionneront seront à la charge commune, mais que madame X... supportera seule les frais d'entretien et d'éducation de chacun de ses enfants.

Les lieux qu'habiteront les futurs époux seront toujours présumés loués à   , à moins de preuve du contraire, et les quittances de loyers et de contributions seront données en son nom.

31.
Présomption
de propriété du bail
de
l'habitation des époux.

Voir, sous le régime de non-communauté, la 26e formule ; seulement, comme sous le régime de la séparation de biens, la femme qui a l'administration de ses biens peut acquérir, sans le concours de son mari, des biens qui lui restent propres, il y a lieu d'ajouter sous ce régime :

Les valeurs au porteur et écus seront réputés appartenir à celui des époux qui les tiendra dans son portefeuille ou dans tout meuble à son usage particulier ; tous titres nominatifs appartiendront nécessairement au titulaire.

32.
Présomption
de
propriété du mobilier.

Le futur époux autorise formellement la future épouse à disposer de son mobilier et à l'aliéner, comme bon lui semblera, sans son concours ; en conséquence, recevoir tous remboursements avant l'exigibilité, et généralement toutes sommes qui peuvent et pourront lui être dues, faire tous transports, consentir toutes subrogations avec ou sans garantie, vendre toutes rentes sur l'État français et autres, ainsi que toutes actions industrielles, au cours qu'elle jugera convenable ; passer, renouveler et résilier tous baux ; donner toutes. quittances et décharges, consentir, avec ou sans payement, tous désistements et mainlevées ; en tout état de cause, traiter, transiger, compromettre sur ses droits mobiliers quels qu'ils soient.

33.
Pouvoir
à la future épouse
de
disposer de son mobilier.

Il peut y avoir lieu d'ajouter :

En outre, le futur époux autorise la future épouse à continuer le commerce qu'elle exerce, acheter et vendre toutes marchandises, passer tous marchés, souscrire tous billets à ordre, effets de commerce et autres engagements, signer tous endossements, faire tous protêts et dénonciations, comparaître à toutes assemblées de créanciers, prendre part à toutes délibérations, produire tous titres et pièces, affirmer la sincérité de toutes créances, citer et comparaître devant tous juges et tribunaux, obtenir tous jugements et arrêts, les faire exécuter ou s'en désister.

34.
Responsabilité du futur époux à défaut de remploi des propres de sa femme.

Le futur époux sera tenu de faire remploi de toutes les sommes payées EN SA PRÉSENCE pour prix d'aliénation d'immeubles ou remboursement de rentes et capitaux propres à la future épouse, et ce remploi ne sera valable qu'autant qu'il aura été accepté par la future épouse. A défaut de remploi, le futur époux ou ses héritiers seront tenus de rembourser à la future épouse ou à ses héritiers le montant des sommes dont il s'agit ; mais cette obligation ne concernera pas les tiers acquéreurs ou débiteurs de la future épouse, qui n'auront point à s'inquiéter de ce remploi et n'encourront aucune responsabilité à ce sujet.

35.
Convention sur le mobilier.
(Voir la formule 44.)

La future épouse, en cas de survie, deviendra propriétaire, par le fait seul du décès du futur époux, de tous objets mobiliers autres que deniers, titres, rentes et créances de toute nature (dans l'étendue de l'article 536 du Code civil) qui existeront, lors du décès du futur époux, dans les habitations de ville et de campagne des époux, à la charge de tenir compte de la valeur de ces divers objets, d'après la prisée de l'inventaire qui sera fait après ledit décès, et de compenser jusqu'à due concurrence la somme dont elle se trouvera débitrice en vertu du présent article, avec toute somme dont elle se trouvera créancière du futur époux.

On peut désirer ajouter :

Toutefois il est fait réserve, au profit des héritiers du futur époux, de la propriété de ses habits, linges, hardes, bijoux, effets mobiliers à son usage corporel, armes, chevaux de selle et harnais.

Il peut arriver que la future épouse, en se mariant, ne veuille conserver la propriété que des objets mobiliers à son usage corporel, et qu'elle veuille abandonner au futur époux les autres objets mobiliers dont elle se trouve propriétaire à ce moment, et qui vont, pendant le mariage, servir à leur usage commun en se détériorant par cet usage, comme aussi il peut arriver que la future épouse ne veuille pas faire un état détaillé des objets mobiliers réservés.

Voici de suite ce qu'il y aurait à faire (sans renvoyer, pour les formules à adopter à cette occasion, à la 2ᵉ section, où seront données les formules d'apport en mariage dans le présent recueil).

LA FUTURE DIRA QU'ELLE APPORTE EN MARIAGE :

Premièrement, ses habits, linges, hardes, bijoux, dentelles et autres objets à son usage corporel, dont il est inutile de fournir état et estimation, attendu : 1° qu'ils doivent être rangés parmi les objets dont la propriété reste établie au profit de la future épouse par présomption contractuelle ; 2° et que la future épouse renonce à demander aucune indemnité pour ceux de ces objets qui viendraient à manquer lors de la dissolution du mariage ;

Deuxièmement, la somme de   , en la valeur de divers meubles meublants et autres, dont il n'est fait aucun état, attendu que la future épouse ou ses héritiers auront le droit de reprendre à ce sujet en deniers, lors de la dissolution du mariage, la somme qui vient d'être exprimée, ainsi qu'il sera stipulé ci-après.

Cette stipulation n'entraine aucun droit d'enregistrement particulier.

COMME CONVENTION DE MARIAGE ON DIRA :

La future épouse ne se réserve la propriété complète, dans son mobilier présent et futur, que des habits, linges, hardes, dentelles et bijoux qui sont actuellement ou pourront être employés à son usage corporel ; quant à tous autres objets mobiliers qui appartiennent à la future épouse, ils deviendront, par le fait seul du mariage, la propriété du futur époux pour l'estimation qui leur a été donnée sous le n° 2 de l'article   , et quant à tous autres objets de cette nature qui adviendront à la future épouse, pendant le mariage, par succession, donation ou legs, ils deviendront également de plein droit la propriété du futur époux pour le montant de la prisée qui en sera faite dans l'inventaire qui sera dressé à l'époque de cet événement.

36.
Sur le mobilier.

Les futurs époux adoptent pour loi de leur mariage le régime dotal tel qu'il est établi par le Code civil, sauf les modifications résultant des articles ci-après.

37.
Adoption
du régime dotal.

Lorsqu'il y aura une société d'acquêts, il est bon d'ajouter de suite, après ces mots Code civil *:* Et ils établissent entre eux une société d'acquêts, le tout, etc. *(terminer comme il vient d'être dit).*

38.
Dotalité de tous les biens.

Tous les biens meubles et immeubles de la future épouse, présents et à venir, seront dotaux. — Et conséquemment tous biens meubles et immeubles, échangés ou achetés en remploi dans les conditions prévues ci-après, seront également dotaux (1).

§ Ier. — ADMINISTRATION DES BIENS DOTAUX.

Le futur époux aura, conformément à la loi, l'administration de tous les biens de la future épouse et le droit de percevoir seul tous revenus échus et à échoir.

Quand on doit réserver à la future épouse le droit de toucher une partie de ses revenus, il y a lieu d'ajouter de suite : Sauf l'effet des stipulations dont il va être parlé sous l'article.....

Quant aux capitaux, ils seront reçus avant ou lors de leur exigibilité sur la quittance collective des deux époux, et il en sera fait immédiatement emploi de la manière ci-après indiquée.

§ II. — ALIÉNATION DES BIENS DOTAUX.

Les futurs époux pourront toujours, en agissant conjointement et d'accord entre eux, sans être tenus de remplir aucune formalité judiciaire, et comme le pourrait faire en la forme ou au fond une femme mariée sous le régime de la communauté, MAIS A LA CHARGE EXPRESSE DU REMPLOI dont il sera ci-après parlé,

1° Procéder à tous comptes, liquidation et partages qui intéresseraient la future épouse, traiter, transiger, compromettre, accepter toutes donations;

2° Vendre et liciter, de gré à gré ou aux enchères publiques, même échanger, tous biens ou droits meubles et immeubles sans exception, qui appartiennent ou adviendront à la future épouse, à quelque titre que ce soit, pendant le mariage, et généralement faire au sujet desdits biens ou droits toutes les stipulations permises par la loi à une personne majeure entièrement libre de ses droits.

---

(1) Il ne faut pas oublier que sous le régime dotal tous les biens de la femme sont, *en principe*, paraphernaux, soumis à son administration et à sa jouissance, aliénables, *à l'exception* de ceux qui ont été expressément constitués en dot (1574, 1576, 1542, 1541.)

En outre, la future épouse pourra intervenir dans tous actes d'emprunt qui seraient faits par le futur époux sur les biens personnels de ce dernier, afin d'y stipuler toutes antériorités au profit des prêteurs sur l'hypothèque légale de la future épouse, en ce que cette hypothèque portera sur les biens qui seront spécialement affectés auxdits prêteurs; mais dans aucun cas et par l'effet d'aucune stipulation la future épouse ne pourra s'obliger sur ses biens dotaux.

Quand il y a société d'acquêts, ou lorsque tous les biens de la future ne sont pas frappés de dotalité, — on peut ajouter après ces mots : AFFECTÉS AUXDITS PRÊTEURS.

En outre la future épouse pourra s'obliger conjointement et solidairement avec son mari sur les biens de la société d'acquêts et sur la portion de ses biens non frappée de dotalité.

Puis reprendre ces mots : Mais dans aucun cas, etc.

§ III. — EMPLOI DES DENIERS DOTAUX.

Toutes sommes en capital qui appartiennent ou adviendront à la future épouse pendant le mariage au sujet de ses biens dotaux, par remboursement, aliénation, échange, stipulation ou traité de toute nature, devront être immédiatement remployées au nom de la future épouse, en telle valeur mobilière ou immobilière en France ou à l'étranger qui conviendra à la future épouse.

Si l'on ne veut pas laisser une si grande liberté, on peut dire : Soit en acquisition d'immeubles, soit en achat de rentes sur l'État français, soit en placement en premier rang par privilége ou hypothèque sur des immeubles présentant, d'après leur prix principal d'acquisition, une valeur double de la somme à placer — soit à l'acquit (dans les rangs hypothécaires et valeurs de biens sus-exprimés) des dettes grevant les biens du futur époux, — soit enfin à de grosses réparations ou améliorations sur les immeubles dotaux, pourvu que l'utilité de ces grosses réparations ou améliorations soit antérieurement constatée par deux experts choisis par justice et opinant d'accord entre eux.

Et il est bien entendu 1° que les deniers dotaux pourront être employés à l'acquit des dettes qui seraient personnelles à la future épouse comme grevant les successions, donations ou legs advenus à la future épouse, pourvu que ces dettes soient justifiées par inventaire ou autre acte en bonne forme; 2° et que les frais en déboursés et honoraires qui seront occasionnés par lesdits emplois, successions, donations ou legs seront considérés eux-mêmes comme remplois.

Ces divers emplois et remplois NE SERONT VALABLES QU'AUTANT qu'ils seront acceptés formellement par la future épouse, et que les titres (QUI DEVRONT ÈTRE INSCRITS AU NOM DE LA FUTURE) feront mention de l'origine des deniers, ensemble de la liberté d'aliéner à charge de remploi.

A défaut de la justification de remploi, tout débiteur sera naturellement autorisé à déposer à la caisse des consignations.

Les ventes d'immeubles faites par les deux époux seront définitives lors même que le remploi n'aurait pas été effectué avant la dissolution du mariage, pourvu que les acquéreurs représentent leur prix.

§ IV. — CONDITIONS RELATIVES AUX TIERS.

En cas de vente par le ministère d'agent de change de l'une ou de l'autre des valeurs mobilières dotales de la future épouse, l'agent de change, choisi par les époux pour effectuer cette vente, sera seul chargé de suivre la réalisation, en fait, du remploi du prix, sans pouvoir jamais être responsable de l'utilité du remploi; et il est entendu, pour faciliter spécialement les transferts, que l'agent de change se trouvera immédiatement et complétement déchargé, si bon lui semble par le fait seul du versement qu'il pourra faire à la caisse des consignations des deniers provenant desdites ventes, comme dépôt volontaire AU NOM DE LADITE FUTURE ÉPOUSE.

En cas de remploi des deniers dotaux en acquisition de valeurs mobilières nominatives, se négociant à la Bourse, les débiteurs de ces deniers seront valablement libérés par la remise qu'ils feront de ces deniers entre les mains d'un agent de change désigné par la future épouse pour faire spécialement une acquisition prévue dans la quittance délivrée auxdits débiteurs, et l'agent de change se trouvera lui-même déchargé par le fait seul de la réalisation du remploi, sans pouvoir jamais être responsable de l'utilité de ce remploi.

En aucun cas de vente ou d'achat, le Trésor public, l'administration de la Banque de France et généralement toutes administrations sur lesquelles s'effectueront ces transferts, n'encourront de responsabilité et ne pourront par suite demander de justification.

En cas de remploi en acquisition d'immeubles ou de tous biens meubles sans intervention d'agent de change, tels que placements hypothécaires ou autres,

comme aussi en cas d'emploi au payement des dettes personnelles à la future
épouse, les débiteurs des deniers dotaux seront valablement libérés en versant ces
deniers entre les mains des vendeurs, créanciers ou autres ayant-droit, suivant la
nature du remploi, sans avoir à se constituer juges de l'utilité de ce remploi,
pourvu qu'il soit effectué dans les termes ci-dessus prévus. Ce versement accompli,
ils ne seront assujettis à aucune responsabilité ultérieure.

Il est convenu que la somme de   sur celle de   qui sera
constituée en dot à la future épouse sous l'article   sera régie et administrée
conformément aux principes de la communauté sans aucune condition de remploi,
sauf, bien entendu, la réserve au profit de la future épouse de ladite somme de
            comme bien propre.

39.
Soumission de la dot
au régime
de la communauté.
Biens dotaux.

Le surplus de la dot de la future épouse et généralement tous ses autres biens
meubles et immeubles, présents et à venir, seront dotaux.

(La suite comme dans la formule 38.)

---

*Lorsqu'il n'est pas stipulé de société d'acquêts et que cependant la fortune
de la future épouse se trouve supérieure à celle du futur époux, comme aussi
s'il existe dans les biens de la femme des rentes viagères, des usufruits, ou
des actions industrielles de simple jouissance, il peut y avoir lieu de stipuler
l'article suivant :*

40.
Réserve particulière.

Indépendamment des biens dotaux dont la propriété est réservée à la future
épouse, la future épouse se réserve propre ce qui pourra lui advenir de tous produits et dividendes, etc.

Ces produits et dividendes seront encaissés sur la signature collective des deux
époux ; le futur époux en deviendra débiteur vis-à-vis de la future épouse, ou des
siens, et il n'en sera déchargé que par l'emploi qu'il s'oblige à en faire au nom
de la future épouse en valeurs acceptées par elle à cette époque, sans toutefois que
les débiteurs desdits produits ou dividendes puissent avoir à demander ce premier
emploi. — Mais, une fois ce premier emploi effectué, les valeurs acquises seront
frappées de dotalité et ne pourront plus être aliénées que dans les conditions stipulées sous l'article 2.

41.
Biens paraphernaux
et biens dotaux.

Tous les biens à venir de la future épouse seront dotaux, mais tous ses biens présents, ensemble ceux qui vont lui être donnés en considération du mariage, seront paraphernaux. — Le futur époux aura l'administration du tout sans être tenu de rendre compte des fruits et revenus.

Voir pour l'administration, soit du mari soit de la femme, les formules de la séparation de biens.

42.
Sur les revenus
de la future.
(*Voir* la formule **28.**)

Lorsqu'il n'y a pas de société d'acquêts, il peut y avoir lieu de dire :

La future épouse touchera sur sa simple quittance pour en faire tel emploi qu'elle jugera convenable, sans avoir à les dépenser pour son entretien personnel qui restera comme l'entretien du futur époux et celui des enfants à naître une charge du mariage ;

1° La somme annuelle de   sur ses revenus ou les revenus de tels biens ;

2° Et tous fruits et revenus de la succession future de monsieur son père.

Les valeurs que la future épouse pourra acquérir avec cette portion de revenus seront paraphernales, et il en sera fait mention sur le titre desdites valeurs.

Tous revenus de la future épouse autres que ceux dont il vient d'être question sous cet article, constitueront la part contributive de la future épouse dans tous frais et charges du ménage.

43.
Société d'acquêts.

Il y aura entre les futurs époux une société d'acquêts, composée des bénéfices et économies qu'ils pourront faire pendant le mariage, soit ensemble, soit séparément, tant en meubles qu'en immeubles, conformément aux dispositions des articles 1498, 1499 et 1581 du Code civil.

Le partage de cette société se fera par moitié entre les époux.

Chacun des futurs époux aura le droit de prélever, avant tout partage des biens de cette société d'acquêts, ses apport en mariage et dot, ensemble tout ce qu'il aura recueilli pendant le mariage, tant en meubles qu'en immeubles, par successions, donations, legs ou autrement, ainsi que toutes autres créances, reprises et indemnités qu'il pourrait avoir à répéter, le tout soit en deniers, soit en nature.

Et il est bien entendu que ladite société d'acquêts ne sera aucunement tenue des dettes antérieures au mariage ou grevant les biens qui adviendraient à l'un des futurs époux pendant le mariage ; ces dettes seront au contraire acquittées par celui des futurs époux qui les aura contractées ou du chef duquel elles proviendront, sans que l'autre époux, ses biens ni sa part dans ladite société d'acquêts en puissent être tenus.

Les futurs époux mettent en commun :

1° Les habits, linges, hardes et bijoux du futur époux ;

2° Les habits, linges, hardes et bijoux de la future épouse qui ont été mentionnés sous le n°   de l'article

5° Et tous meubles meublants ou objets mobiliers quelconques de cette nature qu'ils pourront acheter ensemble ou séparément pendant le mariage, autres que créances, rentes, actions ou valeurs semblables.

Comme convention de mariage, il est stipulé que le survivant des futurs époux, quel qu'il soit, sera propriétaire de ces divers objets sans avoir aucune somme à compter à ce sujet.

Ne sont pas compris dans la présente stipulation tous objets mobiliers qui adviendront à l'un ou à l'autre des époux par succession, donation ou legs pendant le mariage, pourvu que ces objets exceptés soient constatés et détaillés dans un inventaire ou autre acte en bonne forme.

44.
Société de partie
du mobilier.
(*Voir* la formule 35.)

Il est convenu que l'hypothèque légale de la future épouse ne frappera que sur les immeubles ci-après désignés, auxquels elle est limitée de convention expresse, savoir :

45.
Limitation
de l'hypothèque légale
de la future épouse.

. . . .

En conséquence, tous les autres immeubles présents et à venir du futur époux seront affranchis de cette hypothèque, de manière que les acquéreurs, échangistes ou autres ayant-droit sur lesdits immeubles, ne pourront jamais être inquiétés par la future épouse.

Toutefois, si pendant la durée du mariage l'immeuble pour lequel l'hypothèque légale de la future épouse a été réservée devenait insuffisant pour garantir à la future épouse le payement de ses droits et reprises, il sera donné à la future épouse un supplément d'hypothèque qui n'aura d'effet, à l'égard des tiers, qu'à compter du jour de sa constitution particulière et de son inscription.

(*Voir l'article* 2140 *du Code civil.*)

46.
Délai pour la restitution de la dot.

Le futur époux SEUL aura, en cas de survie, un délai de   années, à partir du jour du décès de la future épouse, pour se libérer des sommes dont il sera débiteur envers les héritiers et représentants de ladite dame. Il ne sera pas tenu de fournir caution ni de payer aucun intérêt pendant ce temps ; mais à partir de l'expiration de ce délai, il devra de plein droit des intérêts sur le pied de cinq pour cent par an, de   en   mois, jusqu'à payement effectif.

Autre.

L'époux survivant QUEL QU'IL SOIT aura un délai de   années à partir du jour du décès du prémourant, pour remettre aux héritiers et représentants de ce dernier LES SOMMES en deniers dont il n'aurait pas l'usufruit. Il ne sera pas tenu de fournir caution, et il ne payera aucun intérêt pendant la première année ; mais, à partir de l'expiration de cette année, il devra de plein droit des intérêts sur le pied de cinq pour cent par an, payables de ... en ... mois, jusqu'au payement effectif.

Autre.

En cas de prédécès de la future épouse sans enfant, le futur époux aura un délai de   années à partir du jour du décès de la future épouse, pour rendre et payer aux héritiers de la future épouse, les biens et valeurs de la future épouse ; (*ou seulement* : « les biens et valeurs apportés en mariage par la future épouse, ensemble ceux qui lui ont été constitués en dot, ou les biens qui auraient été acquis en remploi ») ; (*ou bien encore :* « les biens et valeurs revenant à la future épouse dans la communauté stipulée par le présent contrat, mais il n'aura aucun délai pour le payement et la restitution des biens propres de la future épouse. »)

Le futur époux ne sera tenu de payer aucun intérêt pendant, etc.

Et pendant le même délai les fruits et revenus de ceux desdits biens qui pourraient être restituables en nature appartiendront au futur époux.

Ce délai sera révoqué de plein droit, et lesdits biens ou valeurs deviendront immédiatement exigibles du jour où le futur époux convolerait à de secondes noces.

Révocation en cas de convol. (*Voir* les formules 107, 102 et 96.)

DEUXIÈME SECTION.

APPORTS DES ÉPOUX. — DONATIONS AUX ÉPOUX. RÉSERVE DU DROIT DE RETOUR, ETC., ETC.

47.
Apport personnel.

Le futur époux apporte en mariage :

Un trousseau.

1° La somme de   en habits, linges, hardes, bijoux, effets mobiliers, meubles meublants, voitures, chevaux, armes de chasse, etc., (*compléter*) ;

48.
Prorata de revenus et deniers.

2° La somme de   en deniers comptants et prorata apprécié à forfait de tous fruits et revenus échus ou non échus jusqu'au mariage ;

49.
Fonds de commerce.

3° Un fonds de commerce de marchand   qu'il exploite à   ensemble les marchandises, effets mobiliers, ustensiles et créances en dépendant, le tout d'une valeur de   d'après l'estimation et le compte que les parties en ont faits entre elles. (*Si l'intention des parties n'était pas de rendre la communauté propriétaire du fonds de commerce, il faudrait l'exprimer et indiquer seulement : 1° la valeur des marchandises, effets mobiliers et ustensiles qui doivent nécessairement tomber dans la communauté ; 2° et le détail des créances qui peuvent rester propres*).

50.
Rentes sur l'État.

4°   de rente sur l'État   p. %, en inscriptions délivrées en son nom (*rappeler les noms mentionnés dans les inscriptions*), savoir : la première de   le   série   n°   ; la seconde de   le   série n°   ;

51.
Créance hypothécaire.

5° Une créance hypothécaire privilégiée de la somme de   restant due, au moyen de payements faits suivant quittance passée devant   etc., sur le prix de   , moyennant lequel il a vendu à (*prénoms, nom, qualité et demeure de l'acquéreur*) un immeuble sis à   , suivant contrat   .

Laquelle créance a été inscrite d'office au bureau des hypothèques de
le   v⁰   , n⁰   , est exigible   , et produit des intérêts qui sont dus depuis le   , et sont payables sur le pied de
p. % de   en   mois.

6° Une maison située à   acquise par le futur époux aux termes
d'un contrat passé devant Mᵉ *** et son collègue, notaires à   ,
le   , moyennant le prix principal de   , payé suivant
quittances reçues par Mᶜ *** les

52.
Maison.

7° Une ferme, appelée   , sise à   , de la contenance totale
de   ·   et composée (*désignation sommaire*), le tout plus amplement
désigné en un bail (*ou tout autre acte*) passé devant Mᵉ *** et son collègue,
notaires à   le (*à défaut de cet acte il faut une* Désignation détaillée
*qui puisse servir de base à la liquidation des reprises du futur époux et des
indemnités que le futur époux pourra devoir.*)
« Cette ferme et dépendances acquises par le futur époux suivant contrat, etc. »

53.
Ferme.

8° Et ses droits non encore liquidés dans la succession de M. *** dont il est
héritier pour   ainsi qu'il résulte de l'inventaire fait après le décès de
M. *** par Mᶜ *** et son collègue, notaires à   le
Observation faite par le futur que par la clôture de cet inventaire tous
les objets mobiliers, titres et papiers sont demeurés en la garde et possession
de madame sa mère, laquelle est donataire universelle en usufruit des biens
dépendant de ladite succession, aux termes d'un acte passé, etc.
Et que d'après dépouillement dudit inventaire cette succession se com-
pose, etc., etc.
*Continuer ainsi l'énonciation de l'apport en mariage, en mentionnant :
pour les créances et les immeubles, les titres de propriété et de libération, et
pour les rentes, actions ou autres valeurs semblables, les numéros de chaque
titre, l'époque de délivrance et le libellé des titres nominatifs.*
Sur cet apport, le futur doit à divers, ainsi qu'il le déclare, une somme de
Ou bien : Le futur déclare que son apport en mariage n'est grevé d'aucune
dette.

54.
*Droits héréditaires
indivis.*

Duquel apport le futur époux a justifié à la future épouse et à ses père et mère qui le reconnaissent.

Apport de la future.

L'apport de la future est rédigé dans les mêmes termes que l'apport du mari ; seulement à la fin de l'article, on dit :

Duquel apport la future épouse a justifié au futur époux qui le reconnaît et consent à en demeurer chargé par le seul fait du mariage dans les termes de droit.

Observation générale.

Lorsque dans l'apport de l'un ou de l'autre des époux il existe des biens mobiliers qui sont fongibles ou se consomment par l'usage, tels que du vin ou des meubles, il doit en être fait une estimation générale au contrat, et l'époux qui en est propriétaire devient créancier de la communauté d'une somme égale au chiffre de cette estimation , lorsque les biens mobiliers dont il s'agit ne sont point fongibles et ne se consomment pas par l'usage, tels que des actions industrielles, des rentes sur l'État, un fonds de commerce, il ne doit pas en être fait d'estimation, si l'intention des parties n'est pas d'en transférer la propriété à la communauté dans tous les cas ; il est prudent pour cette dernière nature de biens et particulièrement pour un fonds de commerce, dont le prix peut être augmenté pendant le mariage par l'industrie et les soins communs des époux, d'expliquer dans un article séparé : quelle sera la nature de la reprise à exercer par l'époux propriétaire, si cette reprise sera d'une somme d'argent ou de l'objet même apporté en mariage.

(Voir les formules 3 et 5.)

Lorsque les époux adoptent le régime de la séparation de biens, l'apport mobilier de la femme doit être constaté de la manière expliquée ci-dessus, formule 35, et ci-après formule 55.

55.
Deniers de la femme sous le régime de séparation.

Si la future apporte des écus, il faut ajouter à l'énonciation de la somme pour la décharge du mari : DONT LA FUTURE EST ET RESTERA EN POSSESSION.

Si le fonds de commerce exploité par le futur époux au jour de son mariage n'a pas de valeur, il faut le dire afin d'éviter toute difficulté lors de la liquidation à venir, ce qui peut être expliqué en deux mots :

Observation faite par le futur époux que la clientèle ou l'achalandage de son fonds de commerce ainsi que le droit au bail des lieux occupés pour ce fonds, ne sont susceptibles d'aucune valeur et tomberont dans la communauté stipulée par le présent contrat.

Lorsque l'apport personnel consiste seulement en trousseau et somme d'argent qui vont être augmentés d'une dot, on peut dire après l'énonciation de cet apport pour résumer la fortune :

Lequel apport va être augmenté de   que les père et mère de la future épouse vont lui constituer en dot ; de sorte que la fortune de la future épouse, au jour du mariage, sera au total de

Lorsque l'un des époux mineurs apporte en mariage le reliquat d'un compte de tutelle à rendre par le père ou la mère, présent au contrat, on peut dire pour éviter le droit de donation :

La future épouse apporte en mariage :

1° la somme de   en un trousseau, etc.   et la somme de   en écus, ensemble   qu'elle a en sa possession, et dont elle est comptable, comme de deniers indivis dépendant de la succession de madame sa mère, mais qui forment, ainsi que le déclare la future épouse, ce qui doit lui revenir en toute propriété par l'événement du compte que doit lui rendre son tuteur de l'administration qu'il a eue de sa personne et de ses biens.

Observation faite que ce compte comprendra l'émolument indivis de la future épouse dans la succession de madame sa mère dont elle est héritière pour   ainsi que le constate l'intitulé, etc.   et l'émolument de la future dans la succession de

2° Et la somme de   qui forme, ainsi que le déclare la future épouse, ce qui doit lui revenir en nue-propriété par l'événement dudit compte.

Observation faite que cette somme est dans les mains de M. ***, père de la future, comme grevée de l'usufruit de M   en vertu des dispositions d'un acte, etc.

59.
Renonciation à usufruit par le survivant des père et mère.

Et on ajouterait ensuite cet article :

En considération du mariage M. *** renonce à son usufruit sur la somme de   dont il a été ci-dessus parlé

60.
Pouvoir au futur de vendre les rentes sur l'État de la future mineure.
(*Voir* la formule 71.)

Si la future épouse est mineure et qu'il existe dans son apport des rentes sur l'État ou autres valeurs de ce genre, on peut, s'il y a lieu, ajouter cette stipulation :

Il est particulièrement convenu au sujet des rentes sur l'État apportées en mariage par la future épouse, que le futur époux pourra, jusqu'à l'époque où la future aura atteint sa majorité, vendre seul les rentes dont il s'agit sans le concours de la future et sans autorisation du conseil de famille de cette dame par le ministère de l'agent de change qu'il choisira et au cours de la Bourse de Paris qu'il avisera, signer tous transferts, en recevoir le prix et en donner quittance.

61.
Sur des dividendes d'actions.
(*Voir* la formule 40.)

Si l'un des époux possède des actions dans une entreprise industrielle, il peut (suivant les termes des statuts) être prudent d'ajouter la disposition qui va être indiquée et qu'on comprendrait dans l'article qui stipule la réserve des propres :

Il est particulièrement convenu, à l'égard des bénéfices afférents aux actions de X, dont la future épouse est propriétaire, ainsi qu'il sera dit ci-après, que la communauté aura droit aux bénéfices annuels qui peuvent et pourront être répartis pendant sa durée, mais que le futur époux ou ses représentants conserveront comme biens propres : 1° tous bénéfices annuels qui n'auraient pas été ainsi répartis pendant la durée de la communauté; 2° et toutes sommes provenant de répartitions faites par la société sur son capital social.

62.
[Sur un fonds de commerce à acheter.

Lorsque le futur époux a acheté un fonds de commerce dont la vente doit se réaliser le jour du contrat ou entre la date du contrat et celle du ma-

riage, on peut en expliquer l'apport de la manière suivante (ce qui dispense de faire publier le contrat de mariage.)

Le futur époux déclare qu'il est sur le point d'acquérir de M. X. le fonds de commerce, etc. Et il est expressément convenu que quelle que soit la date de cette acquisition, le fonds de commerce dont il s'agit tombera dans la communauté, à la charge par ladite communauté d'en payer le prix.

Ou bien encore la clause suivante peut trouver son application.

Le futur époux déclare, en outre, qu'il est actuellement propriétaire d'un établissement de   , que lui a vendu M. son père le   , moyennant le prix principal de   , encore dû, mais qu'il n'y a pas lieu de s'occuper de cet établissement ni du payement du prix, parce que cet établissement doit être revendu avant le mariage, aux risques et profit de M. son père, ainsi qu'il en prend l'engagement exprès, et au moyen de la garantie qui sera fournie par M. son père relativement au montant du prix de la revente de cette acquisition et à la solvabilité de l'acquéreur.

Dans ce cas, le père ne pourra pas signer le contrat, même ad honorem, pour éviter le droit d'enregistrement de vente, mais dans un acte sous seing privé la garantie du père sera fournie dans les termes suivants :

M. X., reconnaissant que l'établissement n'a pas dépéri entre les mains de M. son fils, et que sa valeur n'a pas changé, déclare garantir M. son fils contre toute perte que pourrait occasionner la vente dudit établissement avant le mariage des futurs époux, de manière à ce que le futur époux n'ait pas à souffrir de son acquisition, qu'il soit indemnisé de la différence entre son prix d'acquisition et la somme qu'il touchera sur le prix de revente, et qu'il n'ait dans aucun cas à tenir compte d'aucune somme à ce sujet à M. son père ou à la succession de ce dernier. La revente dont il s'agit s'opérera au profit comme aux risques de M. son père, qui aura seul droit à l'excédant éventuel du prix.

63.
Sur un
fonds de commerce
à vendre
avant le mariage.

64.
Mise sociale.

Lorsque le futur époux se trouvera associé dans une maison de commerce, il pourra y avoir lieu de dire :

Le futur époux apporte en mariage :

1° Etc. *Trousseau* ;

2° Sa mise sociale dans la société créée en nom collectif entre lui, **M.** et **M. X.**, pour l'exploitation du commerce de   , sous la raison   , et dont le siége est à   , le tout aux termes d'un acte passé devant M^e   , notaire à   , le

3° Le montant de son compte-courant dans ladite maison et tous bénéfices qui pourront lui être acquis dans ladite société au jour du futur mariage.

Le tout estimé à forfait entre les parties à la somme de

Duquel apport, s'élevant à   le futur époux a donné connaissance à la future épouse et à ses père et mère, qui le reconnaissent.

Les parties ajoutent, au sujet de l'apport en mariage du futur époux :

Que la durée de ladite société a été fixée, dans ledit acte du   à   années, à partir du

Et que cet acte contient, entre autres dispositions, celles qui vont être rapportées littéralement :

« Art. 7. — Pour constater l'état de la société, il sera fait chaque année un » inventaire exact de l'actif et du passif.

» Art. 8. — Le décès de l'un des associés arrivant dans les   ans fixés » pour la durée de la société, elle continuera avec les associés survivants ; les hé- » ritiers du prédécédé ne pourront faire apposer aucuns scellés ni s'immiscer en » rien dans les affaires de la société. Ils devront s'en rapporter à l'inventaire » commercial qui sera fait à l'amiable dans le mois qui suivra ce décès, et ce qui » sera constaté revenir à l'associé décédé, sera payé à ses ayant-droit par les as- » sociés survivants, savoir : moitié dans un an et l'autre moitié dans dix-huit » mois, le tout à partir dudit décès, avec les intérêts au taux de   pour cent, qui » ne commenceront à courir que huit mois après ledit décès.

» Art. 9. — Les associés ne pourront s'adjoindre d'étrangers, céder, vendre » ou transmettre leurs droits à qui que ce soit sans le consentement des autres » associés. »

Il est expressément convenu, pour le cas où ladite société existerait encore lors du décès du prémourant des futurs époux :

1° Que ledit acte, dont la future épouse et ses père et mère déclarent avoir pris connaissance, continuera à recevoir son plein et entier effet et que, par suite, il ne pourra être fait d'inventaire notarié de ladite société ni être apposé de scellés ;

2° Que dans le cas du prédécès de la future épouse, il ne sera même fait aucun inventaire social à cette époque, et que les héritiers ou autres représentants de la future épouse ne pourront réclamer d'autres droits que ceux résultant du dernier inventaire social, quelle qu'en soit la date ;

3° Que le futur époux, s'il survit, pourra conserver les droits qui lui appartiennent dans ladite société ou toute autre créée en continuation ou transformation de celle-ci, sans avoir aucun pot-de-vin ni indemnité à payer aux héritiers et représentants de la future épouse, sauf, bien entendu, l'obligation de tenir compte aux héritiers de la future épouse des droits échus dans ladite société, d'après les inventaires sociaux sus-indiqués ;

4° Et que, nonobstant les stipulations qui précèdent, la future épouse survivante conservera le droit d'exiger, sans délai, des héritiers et représentants de son mari, la restitution ou le payement de ses droits et reprises.

Lorsque le futur époux est muni d'un office ministériel, on peut dire :
Le futur époux apporte en mariage :

1° Sa charge de notaire à   , à laquelle il a été nommé par ordonnance du   , en date du   (*ou la charge de notaire à la résidence de   , dont il a traité par acte   et à l'égard de laquelle il a été fait en sa faveur la déclaration prescrite par l'article 91 de la loi du 28 avril 1816*) ;

2° Le cautionnement de   , qu'il a fourni en sa qualité de notaire ;

3° Les recouvrements qu'il peut avoir à faire, tant de son exercice que de celui de ses prédécesseurs, évalués à la somme de

4° Etc.

Si la charge tombe dans la communauté, sauf reprise dans des conditions déterminées :

65.
Apport
d'un office de notaire
ou autre.
(*Voir* la formule 4.)

Autre.

Le futur époux apporte en mariage :

1° La somme de   , à laquelle s'élèvent, déduction faite de toutes dettes, la valeur de sa charge de notaire à   , le cautionnement qu'il a fourni en sa qualité de notaire, les recouvrements qu'il a à faire, tant de son exercice que de celui de ses prédécesseurs, la valeur de ses meubles meublants, effets mobiliers, bibliothèque, habits, linges, hardes et ses deniers comptants.

Duquel apport, etc.

66.
Apport de droits indivis avec un enfant d'un premier lit.

Le futur époux déclare :

Qu'il est veuf en premières noces, avec un enfant mineur ci-après nommé, de madame   , décédée à   le

Qu'après le décès de sa première épouse, il a été fait inventaire par M^e   , notaire à   , le   , à sa requête, comme ayant été commun en biens avec ladite dame, aux termes de leur contrat de mariage, reçu par M^e   , notaire à   , le   , comme donataire de ladite dame, aux termes du même contrat, d'un quart en toute propriété et d'un quart en usufruit, des biens dépendant de ladite succession, et en outre, comme tuteur naturel et légal de   , son fils mineur, né à   , le   , seul héritier de ladite dame.

Que tous les biens qu'il possède aujourd'hui se composent :

En valeurs mobilières :

De, etc.

En immeubles :

1° De, etc.

2° Et ses droits indivis (*exprimer la quotité*) avec son fils mineur (propriétaire du surplus), dans   (*désigner les immeubles dépendant desdites communauté et succession.*)

Mais qu'il doit à son fils mineur, pour le montant de ses droits dans les valeurs mobilières qui dépendaient desdites communauté et succession, d'après dépouillement dudit inventaire, savoir :

En toute propriété la somme de   , et en nue-propriété la somme de   , dont il a l'usufruit jusqu'à son décès.

Duquel apport le futur époux a donné connaissance à la future épouse, qui le reconnaît.

La future épouse apporte en mariage :

1° Ses droits non liquidés dans la succession de M. ***, son père, dont elle est héritière pour

Observation faite que l'actif dépendant de cette succession est constaté par un inventaire dressé, après le décès de M. ***, par M°   et son collègue, notaires à   , le

2° Et ce qui pourra lui revenir par l'événement du compte que madame sa mère doit lui rendre de l'administration qu'elle a eue de sa personne et de ses biens depuis le décès de M. ***.

Madame *** déclare que les droits de mademoiselle sa fille dans ladite succession et le reliquat du compte dont il s'agit peuvent s'élever ensemble à la somme de   , et dans le cas où, par l'événement dudit partage et la reddition de ce compte, les droits de la future épouse ne s'élèveraient pas à ladite somme de   , madame *** s'engage, en considération dudit mariage, à parfaire cette somme à la future épouse, à titre de donation et en avancement sur sa succession future. La somme nécessaire pour parfaire les   dont il s'agit, sera payée par madame *** aux futurs époux dans les   qui suivront la signature desdits partage et reddition de compte, avec intérêts à   pour cent, à partir de l'époque fixée par le partage pour l'entrée en jouissance.

Madame *** continuera à administrer comme par le passé les biens dépendant de ladite succession, et tous pouvoirs lui sont donnés à cet effet.

Pour tenir lieu à la future épouse des intérêts de sa dot, il sera prélevé sur les revenus de ladite succession, et madame *** payera aux futurs époux, jusqu'à l'époque fixée par ledit partage pour l'entrée en jouissance, une somme annuelle de   , payable en   payements égaux à partir du jour de la célébration dudit mariage. Dans le cas où les sommes ainsi payées à la future épouse excéderaient la portion afférente à ladite demoiselle dans les revenus de ladite succession et les intérêts du reliquat dudit compte, madame *** fait don de cet excédant à la future épouse, par préciput et hors part.

68.
Constitution de dot.

En considération du mariage, monsieur et madame *** constituent en dot, solidairement, à la future épouse, qui accepte, en avancement d'hoirie, à imputer d'abord sur la succession du prémourant, et subsidiairement, s'il y a lieu, sur la succession du survivant (*ou avec toute autre imputation*) :

Un trousseau.

1° Une somme de   en la valeur d'un trousseau d'habits, linges, hardes, bijoux et autres effets mobiliers qui seront fournis aux futurs époux la veille du mariage dont la célébration vaudra décharge.

69.
Une somme en argent.

2° Une somme principale de   , que les donateurs s'obligent sous ladite solidarité à payer aux futurs époux le   avec intérêts de trois en trois mois sur le pied de   p. % par an, à partir du jour du mariage, le tout à Paris en la demeure des donateurs ou tout autre lieu de cette ville qu'ils indiqueront.

3° Etc. (*créances, rentes, immeubles*).

70.
Sur l'entrée
en jouissance de biens
donnés.

Au moyen de la présente constitution de dot :

Premièrement. Le futur époux disposera en toute propriété, comme bon lui semblera, des immeubles, créances et rentes sur l'État qui viennent de lui être donnés, et il en jouira par la perception, savoir : à l'égard du domaine de   , des fermages représentatifs de l'année de culture à commencer du 30 novembre courant; à l'égard de la créance hypothécaire, des intérêts à courir du jour du mariage, et à l'égard de la rente sur l'État par l'encaissement à l'échéance prochaine de la totalité du semestre courant. — A l'effet de quoi les donateurs mettent et subrogent sous ladite solidarité la future épouse, leur fille, dans tous leurs droits, actions, privilége et hypothèques, notamment dans l'effet de l'inscription hypothécaire précitée.

Deuxièmement. Les donateurs ont remis au futur époux, qui le reconnaît, le bail du domaine de   , les titres de propriété de cet immeuble, les titres de la créance hypothécaire sus-indiquée et le titre de ladite inscription de rente.

Il peut y avoir lieu d'ajouter :

La rente sur l'État donnée par M. *** représente au cours moyen du
, la somme de   .

Le futur époux pourra vendre seul, sans le concours ni la procuration de la future épouse, ladite rente sur l'État de   , à partir du jour du mariage, signer tout transfert, en recevoir le prix et en donner décharge sur sa simple signature ; et il est convenu que l'évaluation de   donnée à ladite rente formera le montant du rapport dû par la future épouse pour raison de cette rente aux successions de ses père et mère, le chiffre des reprises qu'elle aura à exercer à ce sujet contre le futur époux ou ses héritiers et la somme sur laquelle s'exercera le droit de retour ci-après stipulé, le tout quel que soit le prix dudit transfert, et quand bien même ladite rente n'aurait pas été vendue par le futur époux.

Et le futur époux consent à demeurer chargé desdits (*valeur capitale de la rente*), par le seul fait de la célébration du mariage.

En considération du mariage, M. *** donne et constitue en dot à ladite demoiselle sa fille, qui accepte, la somme de   , qui sera payée au futur époux le jour du mariage, dont l'acte de célébration vaudra quittance.

Cette dot sera imputée d'abord sur les droits non encore liquidés de la future épouse dans la succession de sa mère dont elle est héritière pour   ,
ainsi que le constate   , ensuite sur le reliquat du compte de tutelle que doit le donateur, et subsidiairement s'il y a lieu sur la succession future du donateur.

Lorsque le reliquat du compte de tutelle serait évidemment sans intérêt pour la future épouse, et onéreux pour elle, on peut faire déclarer par le père ensuite de la constitution de dot :

M. *** déclare que la future épouse n'a aucun compte utile à demander de la succession de madame ***, et que le compte de tutelle qui pourrait être rendu ne présenterait qu'un résultat à la charge de ladite demoiselle ; mais le donateur stipule pour ordre que ladite dot sera imputable d'abord sur lesdits succession et compte et ensuite sur la succession du donateur.

71.
Pouvoir de disposer.
Estimation
pour les rapports,
pour le droit de retour
et pour les reprises.
(*Voir* la formule 60.)

72.
Constitution de dot
en une somme
imputable d'abord sur
des droits héréditaires
non liquidés.

Ajoutant M. ***, qu'en tout cas il n'entend exercer contre la future épouse aucune réclamation pour le compte de tutelle.

73.
Payement
d'une somme à valoir
sur
des droits héréditaires
indivis,
et conventions relatives
aux fruits, etc.,
desdits droits.
(*Voir* la formule 67.)

En considération du mariage, M. *** s'oblige à remettre à la future épouse, sa fille, le   , avec des deniers de la succession de la mère de ladite demoiselle, la somme de   à valoir sur les droits de la future épouse en toute propriété dans ladite succession, laquelle somme sera rapportable par la future épouse lors du partage de cette succession.

Et à titre de provision pour raison des intérêts et fruits de ces droits en toute propriété, M. *** s'engage, sauf compte à faire des intérêts et fruits lors du partage de ladite succession, à remettre annuellement à la future épouse en quatre termes, de trois en trois mois, à partir du mariage jusqu'à la liquidation définitive de ladite succession, une somme de   .

74.
Convention de nourrir
et loger.

En considération du mariage, M. et Mme *** s'engagent solidairement à nourrir et loger pendant   années à partir du jour du mariage, tant à la ville qu'à la campagne, dans leur maison et avec eux, les futurs époux, les enfants à naître du mariage et les domestiques des futurs époux.

Cet engagement cessera d'être obligatoire avant le délai ci-dessus indiqué, à l'époque du décès du premier mourant des sieur et dame ***, ou à l'époque du décès de la future épouse sans enfants.

Et M. et Mme *** auront toujours la faculté de se libérer de la présente obligation en payant aux futurs époux et par douzième de mois en mois, une pension annuelle de   pendant le délai ci-dessus fixé.

Les frais de ces nourriture et habitation sont évalués entre les parties à la somme de   par année, laquelle somme sera compensée jusqu'à due concurrence avec les intérêts de la dot ci-dessus constituée à la future épouse par M. et Mme ***, qui n'auront plus à lui payer que l'excédant.

S'il n'y a pas à stipuler cette compensation, il peut être prudent d'ajouter :

Cette convention ne fera l'objet d'aucun rapport par la future épouse aux successions de ses père et mère, qui lui font en tant que de besoin et solidairement entre eux toute donation hors part à cet effet.

M. *** fait donation à la future épouse, qui accepte, d'une somme de   exigible seulement au décès du donateur, sans intérêt jusqu'à cette époque; mais passé cette époque, ladite somme produira des intérêts de plein droit à   p. % par an jusqu'à payement effectif, le tout à prendre sur les plus clairs deniers de la succession du donateur.

Pour garantir à la future épouse le payement de ladite somme en principal et accessoires, M. *** hypothèque spécialement (*désignation et établissement de propriété de l'immeuble hypothéqué*).

Il est expressément stipulé que dans le cas où M. *** viendrait à disposer de ladite propriété, par vente, échange ou autrement, les futurs époux seront tenus de se désister de leur droit d'hypothèque sur ledit immeuble, et de donner main_levée de toutes inscriptions, à la charge par M. *** de fournir aux futurs époux en échange, à leur choix, une première hypothèque de pareille somme sur un autre immeuble représentant une valeur double de cette somme, ou une inscription de rente sur l'État de la somme de   , immatriculée pour la nue-propriété au nom de la future épouse, et pour l'usufruit, au nom du donateur.

75.
Donation
d'une somme exigible
au
décès du donateur
avec
hypothèque en garantie
et faculté de transférer
cette hypothèque.
(*Voir* la formule **105**.)

En considération du mariage, M. et Mme *** constituent en dot, chacun par moitié (ou avec toute autre imputation), au futur époux leur fils, qui accepte, une rente annuelle et viagère de   , payable de   en   mois, à partir du jour de la célébration du mariage.

Cette rente constituée au profit du futur époux et des enfants à naître du mariage s'éteindra dans le cas où les donateurs décéderaient avant le futur époux et les enfants à naître du mariage, moitié au décès du prémourant des donateurs et l'autre moitié au décès du survivant, et dans le cas où les donateurs ou l'un d'eux survivraient au futur époux et aux enfants à naître du mariage, la totalité de cette rente ou la moitié qui pourrait en rester due s'éteindra au jour du décès du futur époux ou du dernier vivant des enfants à naître du mariage.

76.
Constitution de dot
en une rente viagère
sur
la tête du futur époux
et des enfants
à naître du mariage
avec
condition d'extinction
au jour du décès
des donateurs.
(*Voir* les formules **75**
et **105**.)

77.
Appel
de la future épouse
au bénéfice
de cette disposition.

Si l'on voulait faire profiter la future épouse de cette disposition, et lui garantir immédiatement le service d'une rente viagère, on compléterait cet article de la manière suivante :

Toutefois il demeure convenu pour le cas où le futur époux décéderait sans enfants, ou ses enfants survivants décéderaient eux-mêmes avant M. et Mme ***, de telle sorte que la rente dont il s'agit pourrait être éteinte, que M. et Mme ***, leurs héritiers ou ayant-cause, continueront au profit de la future épouse, à qui il en est fait donation en tant que de besoin, le service de tout ou partie de ladite rente viagère, de manière à assurer à la future épouse la jouissance de la rente viagère, dont il sera ci-après parlé, et de toute autre donation en usufruit que le futur époux pourra lui faire ultérieurement.

78.
Donation subordonnée
à l'événement
d'une succession.

En outre, M. et Mme ***, en considération du mariage, voulant faire profiter la future épouse, leur fille, de l'amélioration qui pourrait survenir dans leur position de fortune par suite de successions à échoir qui seraient recueillies par chacun d'eux, s'obligent solidairement de remettre à la future épouse, toujours en avancement d'hoirie et par imputation sur les droits de cette demoiselle dans la succession du premier mourant de ses père et mère, et en cas d'excédant à valoir sur la succession du survivant, le quart des biens meubles et immeubles de toute nature qui pourraient leur advenir à l'un et à l'autre d'entre eux desdites successions à échoir sans en rien excepter ni réserver.

Prenant l'engagement formel de remettre aux futurs époux l'importance de ce quart dans l'année au plus tard de la disposition et jouissance qu'ils auraient de ces successions, mais sans que la future épouse ait en aucune manière le droit d'intervenir dans les opérations ayant pour objet leur liquidation.

La rente viagère de   ci-dessus donnée sera alors éteinte et confondue dans le quart remis à la future épouse de la première succession recueillie par l'un et l'autre de ses père et mère, et si le capital de cette rente avait été remboursé, il serait déduit du montant des valeurs à lui remettre pour la remplir du quart dont il s'agit.

Cette rente sera également éteinte dans le cas où la future épouse recueillerait personnellement une succession dans laquelle son émolument produirait un revenu égal ou supérieur à ladite rente qui sera confondue dans ladite succession.

Dans le cas où la future épouse viendrait à décéder avant ses père et mère sans laisser d'enfants, lesdits sieur et dame *** ne seront plus tenus de faire ladite remise à ses héritiers et représentants.

En outre et pour le cas où la future épouse ne recueillerait pas de toute autre personne que de ses père et mère avant le décès du dernier mourant de ses père et mère par succession, donation ou legs, une autre somme de 100,000 fr. au moins en immeubles, rentes, créance ou valeurs quelconques, les père et mère de la future épouse voulant lui assurer une dot de   , constituent en dot solidairement à la future épouse, qui accepte,

Une somme de 100,000 fr. ou celle qui sera nécessaire pour compléter avec la valeur recueillie, ladite somme de 100,000 fr. — Laquelle somme donnée ne sera exigible que dans les six mois du décès du survivant des donateurs, mais pourra être payée par anticipation à la volonté des donateurs, en prévenant les futurs époux trois mois d'avance, et dont lesdits donateurs s'obligent solidairement à servir les intérêts sur le pied de   0/0 par an sans retenue de trois en trois mois à partir du jour du mariage.

Cette donation conditionnelle sera considérée comme nulle et non avenue pour la totalité dans le cas où la future épouse recueillerait de toute autre personne que de ses père et mère, par succession, donation ou legs, une valeur de 100,000 fr. ou une valeur supérieure ; et elle sera réduite à la somme nécessaire pour compléter lesdits 100,000 fr., dans le cas où la valeur recueillie serait inférieure à cette somme.

Et il est bien entendu que les clauses d'inaliénabilité et les charges de restitution ou de droit de retour dont pourraient être grevés les biens, rentes, créances, sommes ou valeurs quelconques que recueillerait la future épouse, ne feront point obstacle à l'application de la condition résolutoire qui précède, et que la donation éventuelle de 100,000 fr. à elle faite par ses père et mère, demeurera révoquée en tout ou en partie par le seul fait d'une succession à elle échue autre que celle de ses père et mère, d'un legs qu'elle recueillerait ou d'une donation qui lui serait faite, même avec les charges d'inaliénabilité, de restitution ou de droit de retour dont il vient d'être parlé.

Les père et mère de la future épouse cesseront de lui payer les intérêts desdits 100,000 fr. ou de la partie de cette somme dont ils se trouveraient libérés par l'effet desdits succession, donation ou legs, du jour où le futur époux aurait droit aux fruits et revenus de la valeur ainsi recueillie.

Ce supplément de dot sera imputé pour le principal, dont les donateurs seront restés chargés, d'abord sur la succession du prémourant, et subsidiairement, s'il y a lieu, sur la succession du survivant; mais il est bien entendu que la future épouse ne pourra être tenue à aucun rapport pour les intérêts de ce supplément de dot.

80.
Donation par des aïeuls à leur petite-fille, avec imputation par le fils sur la succession des aïeuls, et par la petite-fille sur la succession du fils.

En considération du mariage, et pour reporter directement à la future épouse suivant les vues des donateurs, mais sans nuire à l'égalité dont il sera ci-après parlé, la donation qu'à cette occasion les aïeuls de la future épouse voulaient lui faire.

M. et Mme *** font donation à la future épouse, leur petite-fille, ce qui est accepté par elle et par M. son père tant en son nom que comme autorisant sa fille dans les termes qui vont être exprimés, savoir :

D'une rente cinq pour cent sur l'État de   , représentant au cours de ce jour la somme de 50,000 fr. à prendre dans deux rentes 5 0/0 de . . . . 50,000 fr.

Pour la future épouse disposer de ladite rente de
à partir du jour du mariage et avoir droit aux arrérages à partir de

Et d'une somme de 50,000 fr. qui a été remise au futur époux hors la vue des notaires soussignés, et dont le futur époux consent à demeurer chargé. . . . . 50,000 fr.

Ensemble 100,000 fr.

Pour maintenir dans les successions futures des donateurs l'égalité entre leurs enfants, M.   leur fils sera considéré vis-à-vis des donateurs comme ayant reçu d'eux directement la somme de 100,000 fr., et ce dernier s'oblige et oblige ses héritiers à rapporter cette somme de 100,000 fr. par moitié à chacune des successions de M. et Mme ***.

Pour maintenir, dans les successions futures de M. et Mme *** fils l'égalité
entre les enfants de ces derniers, la future épouse sera considérée vis-à-vis
M. et Mme *** fils comme ayant reçu d'eux directement la somme de 100,000 fr.
(dont il sera dû indemnité à M. *** fils par la communauté qui existe entre M. et
Mme *** fils, en conséquence du rapport qui vient d'être stipulé à la charge de
M. *** fils). Et la future épouse s'oblige et oblige ses héritiers à rapporter ladite
somme de 100,000 fr. aux successions de ses père et mère dans les mêmes
termes que les   donnés par eux à la future épouse sous l'article
précédent, savoir : d'abord à la succession du prémourant de M. et Mme *** fils
et subsidiairement seulement, s'il y a lieu, à la succession du survivant.

Il est bien entendu que si, M. *** fils venant à décéder avant les aïeuls de la
future épouse, celle-ci était appelée à recueillir la succession de ces derniers,
elle n'aurait aucun rapport à effectuer à ces successions pour raison de ces
100,000 fr., attendu que, d'après ce qui vient d'être dit, le rapport en serait
ou en aurait été dû auxdites successions par la succession de M. *** fils, et que la
future épouse n'en devra jamais le rapport qu'aux successions de ses père et mère.

L'enregistrement ne perçoit qu'un droit de donation sur cette disposition.

Cette rente sera imputable sur la succession de l'aïeule de la future épouse, soit
pour les arrérages, soit pour le capital, si le remboursement en avait été opéré ;
et cette rente n'étant qu'une avance sur cette succession, il est bien entendu et
convenu que M. ***, aïeul de la future épouse, n'en sera personnellement débiteur
que tant qu'il conservera entre ses mains les valeurs dépendant de la succession
de madame son épouse ; mais, dans le cas où les héritiers ou représentants de
cette dame lui demanderaient compte et partage de cette succession ou dans le
cas où il lui conviendrait de rendre compte, alors il ne sera plus tenu du service
de la rente présentement constituée, les père et mère de la future devant alors
le garantir de toute action à cet égard, ainsi qu'ils s'y obligent solidairement.

Cette rente au surplus sera éteinte ainsi qu'il a été stipulé pour celle constituée par les père et mère de la future, dès que la future épouse sera mise en possession du quart à elle donné ci-dessus par ses père et mère de la première succession qui écherra à l'un d'eux, ou dès que la future épouse aura recueilli per-

81.
Rente viagère assurée
par un aïeul
tant qu'il restera
en possession de la
succession de sa femme.
(*Voir* les formules **67** et
78.)

sonnellement une succession dans laquelle son émolument produirait un revenu
égal ou supérieur auxdites deux rentes de   et de

Cette dot est ainsi constituée par **M. *****, aïeul de la future épouse, sous la
condition expresse que dans le cas où, par suite desdits compte et partage, il ne
conserverait plus entre ses mains la part revenant à madame sa fille dans la succession de madame son épouse, la rente perpétuelle de   par
lui déjà constituée en dot à la fille aînée de sa fille aux termes de son contrat de
mariage reçu par M^e   notaire à   le   sera supportée par
M. et **Mme *****, père et mère de la future, qui devront audit cas, ainsi qu'ils s'y
obligent, servir ou rembourser cette rente en son acquit, de manière qu'il ne
soit nullement inquiété ni recherché à l'égard de cette rente.

L'aïeul et les père et mère de la future entendant que dès que **M. ***** aïeul
n'aura plus, pour telle cause que ce soit, la jouissance des valeurs dépendant
de la succession de madame son épouse, il soit entièrement déchargé du service
et du payement de la rente présentement constituée et de la rente précédemment
constituée par lui, à la sœur aînée de la future épouse aux termes du contrat sus-
énoncé.

Et même dans le cas où **M. ***** aïeul rendrait compte des revenus de la succession de madame son épouse, depuis le jour du décès de cette dame, les arrérages payés par lui de la rente présentement constituée à la future épouse, et de
la rente par lui constituée à la sœur de la future depuis le jour du mariage
de chacune d'elles jusqu'au jour de la reddition dudit compte, seront imputés sur
la portion qui reviendrait à **Mme *****, mère de la future, et à ses représentants
dans les revenus de la succession de **Mme ***** aïeule.

En faveur du mariage, **M.** et **Mme ***** père et mère font donation entre-vifs, à
titre de constitution de dot, à **Mlle *****, leur fille, qui accepte avec leur autorisation.

Cette dot est constituée dans les mêmes termes et conditions que celle qui a
été faite à **M. *****, frère germain de la future, suivant son contrat de mariage
avec **Mlle *****, passé devant M^e ***, notaire à   le

En conséquence elle s'imputera d'abord et sera prélevée spécialement jusqu'à épuisement sur la succession de **M.** *** père, par préciput et hors part, avec dispense de rapport à ladite succession.

En cas d'insuffisance de la succession de **M.** ***, ladite somme s'imputera subsidiairement sur la succession de Mme ***, mais sans préciput et avec charge de rapport à cette dernière succession, et aussi sans préjudice à l'exercice plein et entier des droits de la future comme héritière dans la succession de madame sa mère.

M. *** père se réserve la faculté de faire au profit de son troisième enfant du second lit, par acte entre-vifs ou testamentaire, des dispositions de mêmes sommes que celles qu'il a ainsi faites à **M.** *** et à Mlle ***, chacun individuellement et dans les mêmes termes.

En conséquence et dans le cas où il décéderait après avoir usé de cette faculté, il entend que les droits de ses enfants du second lit soient réglés entre eux et à l'égard de sa succession, sur un pied de parité absolue, nonobstant la différence des époques où ces dispositions auraient été faites, de telle sorte que si elles ont lieu, elles seront, ainsi que celles ci-dessus et celles en faveur de **M.** ***, soumises aux mêmes avantages et charges et profitant à ceux desdits enfants qui y seront appelés concurremment et sans préférence entre eux.

En considération dudit mariage, **M.** *** constitue en dot à Mlle ***, sa fille naturelle qui accepte, une somme de

83.
Constitution de dot
à un enfant naturel
avec
réduction de ses droits.

En usant de la faculté accordée par l'art. 761 du Code civil, **M.** *** déclare que son intention est de réduire à moitié les droits de ladite demoiselle, sa fille, dans sa succession future.

Dans le cas où ladite somme ne représenterait pas cette moitié, la future épouse réclamera le supplément nécessaire pour la compléter.

Dans le cas où ladite somme excéderait cette moitié, **M.** *** fait donation à la future épouse de l'excédant, voulant qu'on ne puisse lui demander à cet égard aucune réduction ni restitution.

84.
Donation de biens
présents et à venir.

En considération du mariage, M. *** fait donation entre-vifs à la future épouse, sa nièce, qui accepte, de tous les biens meubles et immeubles qui lui appartiennent actuellement et qui pourront lui appartenir à l'avenir à quelque titre que ce soit, sans aucune exception ni réserve.

Pour la future épouse jouir et disposer de l'universalité desdits biens comme de chose lui appartenant en toute propriété à partir du jour du décès du donateur.

Cette donation est faite à la charge par la future épouse qui s'y oblige d'acquitter toutes les dettes actuelles du donateur comprises en l'état qui en a été dressé par les parties et qui est demeuré ci-annexé après avoir été signé en présence des notaires, *ne varietur*, et que dessus mention du tout a été faite par lesdits notaires; comme aussi d'acquitter toutes les dettes futures du donateur si la future épouse ne s'en tenait pas aux biens présents.

M.   déclare que ses biens présents consistent en 1°   2°   etc.

85.
Institution contractuelle
en faveur
d'un fils unique.

En considération dudit mariage, M. et Mme *** instituent le futur époux leur fils, seul et unique héritier de tous les biens meubles et immeubles qui composeront leurs successions sans aucune exception ni réserve, et dont ils lui font donation irrévocable, s'interdisant de faire à son préjudice aucun acte de libéralité entre vifs ou testamentaire.

Néanmoins cette institution ne pourra préjudicier aux avantages que M. et Mme *** ont pu ou pourront se faire l'un à l'autre, et ils se réservent expressément la faculté de disposer à titre gratuit et au profit de qui bon leur semblera chacun jusqu'à concurrence de. . . . .

86.
Institution contractuelle
en faveur
d'un fils unique
avec
substitution au profit
de ses enfants à naître.

En considération dudit mariage, M. et Mme *** instituent le futur époux, leur fils, seul et unique héritier de tous les biens meubles et immeubles qui composeront leurs successions sans aucune exception ni réserve, et dont ils lui font donation irrévocable; mais M. et Mme *** substituent jusqu'à concurrence de la portion disponible au profit des enfants à naître du mariage les biens qui écherront au futur époux au moyen de la présente donation, en sorte que le futur époux ne pourra en disposer ni les hypothéquer pour quelque cause que ce soit à leur préjudice que pour l'excédant de la portion disponible.

Cette institution ne pourra nuire de convention expresse aux avantages
etc., *comme dans l'artic'! précédent.*

En considération dudit mariage M. et Mme *** assurent à la future épouse
leur fille, à laquelle ils en font donation irrévocable, l'intégralité de sa part héré-
ditaire dans leurs successions futures, même dans la portion disponible ; en conséquence ils renoncent à avantager aucun de leurs enfants plus que la future épouse
directement ou indirectement, comme aussi à faire aucun acte de libéralité par
donation ou testament au préjudice de la future épouse si ce n'est de sommes
modiques et à titre de récompense.

Cette institution contractuelle ne pourra nuire de convention expresse aux
avantages que M. et Mme *** ont pu ou pourront se faire l'un à l'autre.

87.
Constitution
contractuelle en cas
d'existence
de plusieurs enfants.

Au moyen de cette constitution de dot, les futurs époux s'engagent D'HONNEUR à
ne demander au survivant des sieur et dame *** aucun compte ni partage de la
succession du prémourant, et à laisser jouir ledit survivant pendant sa vie de
tous les biens du prédécédé, avec dispense de fournir caution et de faire emploi, à
la charge seulement par M. et Mme *** d'imposer semblable condition à leurs
autres enfants en les établissant par mariage ou autrement et de faire faire bon et
fidèle inventaire des biens du prédécédé.

88.
Renonciation
à demander aucun
compte au survivant
des père et mère.

Dans le cas où lesdits compte et partage seraient demandés par les futurs époux
ou auraient lieu pour toute autre cause, la dot constituée à la future épouse sera
rapportable en entier à la succession du prédécédé de ses père et mère, qui sera
réputé avoir seul doté.

89.
En cas de partage,
rapport en entier à la
succession
du prémourant.

Il sera fait lors du partage un compte général des revenus des biens de ladite
succession et de la communauté existant entre M. et Mme

90.
Don hors part
de portion de fruits
ou revenus.

La future épouse y fera le rapport fictif des fruits et intérêts de la dot échus depuis le décès du prémourant des sieur et dame *** et l'on se fera compte respectif de la différence qui pourra exister de part et d'autre en plus ou en moins.

Toutefois, si le partage avait lieu par une cause étrangère à la future épouse et si les fruits et intérêts rapportables par la future épouse excédaient la portion afférente à la future épouse dans les revenus échus depuis le décès, de sorte que l'exécution volontaire de la clause qui précède lui deviendrait préjudiciable en l'amenant à une restitution de fruit tout à fait inattendue, il demeure expressément convenu : que le survivant des sieur et dame *** tiendra compte à la future épouse de cet excédant sur les plus clairs deniers qui seront attribués audit survivant pour le remplir de ses droits dans lesdites communauté et succession. — A cet effet M. et Mme *** pour le survivant d'eux font en tant que de besoin donation par préciput et hors part à la future épouse d'une somme égale à cet excédant.

Lorsque la constitution de dot consiste en une rente, il faut modifier le commencement de ce dernier paragraphe ainsi qu'il suit :

Et, pour le cas où les sommes payées à la future épouse à titre d'intérêts ou arrérages depuis le décès du prémourant jusqu'au jour du partage ou de la demande en partage excéderaient la portion afférente, etc., etc.

91.
Réserve du droit
de retour.

M. et Mme *** réservent à chacun d'eux le droit de retour sur la portion dont il sera établi donateur dans ladite constitution de dot après ladite imputation, pour le cas où ils survivraient l'un ou l'autre ou tous deux au futur époux et à sa postérité.

Toutefois il est convenu 1° que cette réserve de droit de retour ne pourra pas empêcher pendant le mariage l'aliénation libre des biens donnés ou leur affectation hypothécaire à la garantie de telles dettes qu'il plaira au futur époux, le tout hors la présence des donateurs, sans que les tiers aient à s'en préoccuper ni à demander de remploi ; 2° que ce droit de retour ne nuira pas à la donation que le futur époux pourra faire à la future épouse en usufruit avec dispense de caution et d'emploi, ni aux préciput, douaire et autres gains de survie de la future épouse ; 3° qu'en cas d'aliénation du domaine de   quelque peu vraisemblable qu'elle soit, le droit de retour s'exercera sur le prix de vente porté dans le contrat authentique ; 4° et qu'à l'égard de la rente sur l'État, qu'elle soit ou ne soit pas vendue, le droit de retour portera sur la valeur actuelle ci-dessus indiquée.

TROISIÈME SECTION.

DONATION ENTRE ÉPOUX.

92.
Donation universelle
en toute propriété
au profit
du survivant.

Les futurs époux font donation au survivant d'eux, ce qui est accepté respectivement, de tous les biens meubles et immeubles, sans exception ni réserve, qui composeront la succession du prémourant pour le survivant jouir et disposer desdits biens comme bon lui semblera en toute propriété à partir du jour du décès du prémourant.

93.
Réduction à moitié
en usufruit.

En cas d'existence d'enfant, la présente donation sera réduite à moitié en usufruit des biens composant ladite succession, y compris les rapports, sans que le donataire soit tenu de fournir caution ou de faire emploi ; il devra seulement faire faire bon et fidèle inventaire.

94.
Réduction à un quart
en toute propriété
et un quart en usufruit.

En cas d'existence d'enfant, la présente donation sera réduite à un quart en toute propriété et à un quart en usufruit des biens composant ladite succession y compris les rapports, sans que le donataire soit tenu de fournir caution ou de faire emploi pour les biens dont il n'aurait que l'usufruit ; il devra seulement faire faire bon et fidèle inventaire.

95.
Disposition particulière
en cas d'ascendant.

En cas d'existence d'ascendants, la présente donation comprendra même l'usufruit de la portion de biens qui leur est réservée, et pour jouir de cet usufruit le survivant sera toujours dispensé de fournir caution et de faire emploi.

En cas de convol le survivant sera tenu de fournir caution ou de faire emploi à partir du jour de son second mariage.

96.
Caution
en cas de convol.
(*Voir* les formules **107**
et **102.**)

Les futurs époux font donation au survivant d'eux, ce qui est accepté respectivement, de l'usufruit pendant la vie du survivant à partir du jour du décès du prémourant, de tous les biens meubles et immeubles, sans exception ni réserve, qui composeront la succession du prédécédé.

Le survivant pourra toucher tous capitaux et autres valeurs mobilières grevées dudit usufruit, vendre tous biens meubles et immeubles, en toucher le prix, donner mainlevée et désistement sans payement, le tout hors la présence des héritiers ou représentants du prédécédé et sans être assujetti à aucun emploi ou remploi ni à fournir caution, mais à la charge **seulement** de faire faire bon et fidèle inventaire.

97.
Donation universelle
en usufruit
au profit du survivant.

Si la donation n'était que de moitié en usufruit (ou toute autre quotité) et que cependant l'époux donateur voulût assurer l'usufruit d'une somme fixe, on pourrait employer la formule suivante :

Et pour le cas où la moitié des biens composant la succession du futur époux ne s'élèverait pas à la somme de   le futur époux fait donation à la future épouse, indépendamment de l'usufruit de la moitié desdits biens, de l'usufruit d'une somme suffisante pour compléter à la future épouse lesdits   , voulant qu'en tout état de choses la future épouse ait l'usufruit d'au moins une somme de   avec dispense de fournir caution et de faire emploi, mais à la charge de faire faire bon et fidèle inventaire.

98.
Revenu fixe assuré.

En cas d'existence, au jour du décès du futur époux, de l'enfant né de son premier mariage, la présente donation sera réduite pour la future épouse à l'usufruit (*ou à la toute-propriété*) d'une part d'enfant légitime le moins prenant dans tous les biens dépendant de la succession du futur époux, y compris les rapports sans aucune exception.

On peut ajouter dans le cas où *la réduction est de 1/4 en toute propriété :*

99.
Réduction
en cas d'existence
d'enfant
d'un premier lit.

Si mieux n'aiment les héritiers du donateur laisser jouir la future épouse pendant sa vie à compter du jour du décès du futur époux, et avec dispense de fournir caution et de faire emploi, de la moitié de tous les biens dépendant de ladite succession, toujours y compris les rapports sans aucune exception.

100.
Faculté de disposer
d'une somme
nonobstant une donation
universelle.

Nonobstant la donation ci-dessus, il demeure convenu que le prémourant pourra disposer au profit de qui bon lui semblera de la somme de   ; à défaut de disposition à ce sujet, cette somme restera confondue dans la donation dont il s'agit.

Autre réserve,
relative aux habits
de l'époux décédé.

Et dans le cas où il n'existerait aucun descendant du mariage au jour du prédécès de la future épouse, il est convenu : que les droits du futur époux survivant ne pourront porter à quelque titre que ce soit sur les habits, linges, hardes, dentelles et bijoux à l'usage de la future épouse. — Ces divers objets mobiliers devant en ce cas être remis aux héritiers de la future épouse, qui tiendront compte de la valeur de ces objets d'après la prisée qui en sera faite dans l'inventaire après le décès de la future épouse.

101.
Donation à charge
d'emploi des valeurs
mobilières.
(Voir la formule 104.)

Le futur époux fait donation à la future épouse, qui accepte, pour le cas où elle lui survivrait, qu'il y ait ou non des enfants du mariage :

De l'usufruit pendant sa vie, à compter du jour du décès du futur époux, du quart de tous les biens meubles et immeubles qui dépendront de la succession du donateur, y compris les rapports, sans aucune exception ni réserve.

Pour jouir de cet usufruit, la future épouse sera dispensée de fournir caution, mais elle devra faire faire bon et fidèle inventaire, et faire emploi de toutes les sommes et valeurs mobilières en acquisitions d'immeubles ou en rentes sur l'État français.

102.
Donation de l'usufruit
des
apports en mariage.

Les futurs époux se font donation irrévocable au survivant d'eux, ce qui est accepté respectivement :

De l'usufruit pendant la vie du survivant, à partir du jour du décès du prémourant, des apport et dot du prémourant ou des biens et valeurs qui en seront la représentation.

Pour jouir de cet usufruit, le survivant sera dispensé de fournir caution et de faire emploi (*ou bien*, jusqu'au jour où il convolerait à de secondes noces; mais à partir de cette époque, s'il y a lieu, le survivant sera tenu de fournir caution ou de faire emploi), mais il devra faire faire inventaire.

En cas d'existence d'ascendants, etc.

En cas d'existence d'enfants, etc.

Il est bien entendu que la future épouse ne pourra avoir droit, pour raison de la présente donation et de sa rente viagère, stipulée sous l'article   , qu'à l'usufruit de tous les biens qui composeront la succession du futur époux.

Les futurs époux se font donation irrévocable au survivant d'eux, ce qui est accepté respectivement :

De l'usufruit, pendant la vie du survivant, à partir du jour du décès du prémourant, de la portion revenant à l'époux prédécédé, dans tous les biens meubles et immeubles sans exception, qui composeront les bénéfices nets de la communauté ou société d'acquêts stipulée par le présent contrat.

Pour jouir de cet usufruit, etc.

En cas d'existence d'ascendants, etc.

En cas d'existence d'enfants, etc.

103.
Donation de l'usufruit
des bénéfices
de communauté.

En considération du mariage les futurs époux se font l'un à l'autre, au profit du survivant d'eux, ce qu'ils acceptent respectivement pour ledit survivant, donation entre-vifs et irrévocable de l'usufruit pendant la vie du survivant, à partir du jour du décès du prémourant, d'une somme de   , à prendre sur les plus clairs et apparents biens de la succession du prémourant.

Si cette donation excédait la quotité disponible, en cas d'existence d'enfants, la réduction s'en opérerait toujours en usufruit.

Et en cas d'existence d'ascendants, etc.

pour jouir dudit usufruit, etc.

104.
Donation de l'usufruit
d'une somme fixe.

Autre,
d'après le cours
de l'argent au jour
du décès.

Le futur époux fait donation à la future épouse, qui accepte, de l'usufruit pendant la vie de la future épouse, à compter du jour du décès du futur époux, du capital nécessaire pour assurer, au cours de l'intérêt, au jour du décès du futur, un revenu de   net de toutes retenues. Ce cours sera déterminé par le cours des rentes sur l'État français le plus élevé à la Bourse de Paris au jour dudit décès.

Pour jouir de cet usufruit, la future épouse ne sera pas tenue de fournir caution, mais elle devra faire faire inventaire, et elle devra faire emploi dudit capital en placements hypothécaires venant en premier rang sur un immeuble représentant, d'après son prix d'acquisition, une valeur double de la somme à employer, ou en rentes sur l'État français à son choix, en son nom pour l'usufruit, et au nom des héritiers du futur époux pour la nue-propriété.

En toute circonstance, la future épouse pourra seule, SANS LE CONCOURS DES NU-PROPRIÉTAIRES, vendre et transférer toutes rentes sur l'État, grevées de son usufruit, en toucher le prix, faire tous transports de créances hypothécaires soumises au même usufruit pour un prix égal à la créance transportée, toucher le prix, recevoir le remboursement de toutes créances ainsi grevées avant ou après l'échéance, en donner quittance, consentir tous désistements, mainlevée d'inscription et autres empêchements, A LA CHARGE SEULEMENT de faire remploi de la manière qui vient d'être exprimée. Les débiteurs ou tiers débiteurs devront exiger et suivre pour leur libération le remploi dont il s'agit, mais ils ne seront responsables que de l'exécution de ce remploi, et ne pourront jamais être inquiétés à raison de la solidité ou de la convenance de la nature de ce remploi.

105.
Donation
d'une rente viagère
à la future épouse.

Le futur époux fait donation à la future épouse, qui accepte, d'une rente annuelle et viagère de   , dont elle sera saisie par le seul fait de la célébration du mariage pour en jouir pendant sa vie, à compter du jour du décès du futur époux.

Les arrérages de cette rente seront payables à la future épouse, sans retenue, de six en six mois, au domicile, à Paris, qu'elle indiquera ; et la future épouse ne sera pas tenue de produire un certificat de vie pour toucher lesdits arrérages tant qu'elle demeurera à Paris ou qu'elle touchera personnellement.

La future épouse sera tenue de limiter son hypothèque légale, pour raison de ladite rente, à un immeuble présentant une valeur libre de   et un revenu net de   . — Le futur époux et ses héritiers pourront, en toutes circonstances, lui demander désistement de cette hypothèque, à la charge par eux de fournir immédiatement nouvelle hypothèque, sur un autre immeuble, desdites valeurs, libre et revenu net.

Et l'inscription qui serait prise pour conservation de ladite rente, devra être rayée sur la simple représentation de l'acte de décès de la future épouse.

Les héritiers du futur époux auront la faculté de se libérer du service de ladite rente viagère en remboursant à la future épouse la somme de   , formant le capital à 10 pour cent de ladite rente, comme aussi ils pourront en tout temps convertir ladite hypothèque en une rente sur l'État français 5 pour cent de   , inscrite pour l'usufruit au nom de la future et en leur nom pour la nue-propriété.

Cette donation ne se confondra pas avec la donation mutuelle stipulée ci-après, s'il n'existe pas d'enfants du mariage ; mais s'il existe des enfants, la future épouse devra opter entre ces deux donations (1).

Le futur époux fait donation à la future épouse, pour le cas où elle lui survivrait, ce qu'elle accepte :

D'une somme de   , à prendre sur les plus clairs deniers de la succession, pour la future épouse, en cas de survie, jouir et disposer de ladite somme comme de chose lui appartenant en toute propriété à partir du jour du décès du futur époux. Cette somme sera exigible un an après le décès du donateur, et

106.
Donation
d'une somme fixe
en toute propriété.

---

(1) *Les donations mutuelles qui terminent ordinairement les contrats sont des donations de biens à venir qui ne confèrent au donataire aucun droit actuel. — Au contraire, par l'effet de la donation dont il s'agit, la future épouse se trouve saisie de suite d'une créance contre son mari dont le payement est seulement soumis à l'événement d'une condition, et elle peut exercer tous ses droits pour la conservation de cette créance pendant l'existence même de son mari et contre les créanciers de celui-ci, soit par son hypothèque légale, soit en prenant part à toute contribution de sommes mobilières, sauf ce qui est dit au Code de commerce.*

elle produira de plein droit, à partir du jour de ce décès, des intérêts à   pour cent par an, payables en même temps que le principal.

———————

107.
Révocation de donation
en cas de convol.
(*Voir* la formule 96 et
la fin de la 46.)

Il est convenu que le survivant des futurs époux cessera de jouir de la présente donation du jour où il convolerait à de secondes noces, ayant un ou plusieurs enfants du présent mariage (1).

———————

(1) *Cette restriction ne peut offrir qu'un résultat contesté. — Plusieurs arrêts l'ont déclarée impossible, comme entravant la liberté du mariage et comme contraire à la morale. — Il est d'usage à Paris de ne plus l'insérer dans les contrats. — Mais on peut considérer les secondes noces comme l'expiration d'un délai au lieu d'une condition, et dire :* A PARTIR DU JOUR DU DÉCÈS DE M. X., OU JUSQU'AU JOUR DU SECOND MARIAGE DE LADITE DAME, OU JUSQU'AU JOUR DE SON DÉCÈS, *etc.*

MODÈLE

De l'acte à rédiger pour constater la signature du chef de l'État.

Et le

Par devant M^e et M^e son collègue,
notaires à Paris, soussignés.

A COMPARU :

M. (*prénoms, nom, qualités et demeure du futur époux*)

Lequel a dit que a bien voulu donner son agrément au
mariage qu'il a contracté (*ou se propose de contracter*) le avec
Mlle (*prénoms, nom, qualités et demeure de la future épouse et de ses père et
mère*).

Duquel mariage les conditions civiles ont été réglées par contrat passé devant
ledit M^e et son collègue le dont la minute précède.

Et que veut bien apposer sa signature audit contrat.

En conséquence, il a requis M^e l'un des notaires soussignés, de se
transporter immédiatement au Palais de à l'effet de présenter ledit
contrat de mariage à et de recevoir sa signature ensuite des présentes.

A l'instant M^e et M^e accompagnés de M. (*nom
du futur*) se sont rendus au Palais de

Où les présentes ont été signées par

Fait et passé pour au Palais de

Et pour M. en l'Étude

Les jour, mois et an susdits.

Et M. a également signé avec les notaires après lecture faite.

9

AUTRE.

Et le

. . . .
. . . .

Sur l'avis qui a été transmis aux notaires soussignés que
daignait donner son agrément au mariage de M.   avec Mlle
dont les conditions civiles précèdent, les notaires soussignés, à la réquisition des
parties contractantes, dénommées audit contrat de mariage, dont la minute précède, se sont transportés avec M.   (*futur époux*) au palais de   ,
et admis à l'audience de   ils ont eu l'honneur de recevoir sa signature.

Dont acte fait et passé à Paris au Palais de

Et a   signé les présentes qui ont été également signées
par M.   (*futur époux*) après lecture faite.

Paris. — Typographie Bonlcy-Dupré, rue Saint-Louis, 46, au Marais.

PARIS. — Imprimerie DONDEY-DUPRÉ, rue Saint-Louis, 46, au Marais.